忽长忽短的影子

笪雨竺 著

北京日报出版社

图书在版编目（CIP）数据

忽长忽短的影子 / 笪雨竺著. — 北京：北京日报
出版社，2024.5
ISBN 978-7-5477-4866-4

Ⅰ.①忽… Ⅱ.①笪… Ⅲ.①作文－小学－选集
Ⅳ.①H194.4

中国国家版本馆CIP数据核字（2024）第028693号

忽长忽短的影子

出版发行：北京日报出版社

地 址：北京市东城区东单三条 8-16 号东方广场东配楼四层

邮 编：100005

电 话：发行部：（010）65255876
总编室：（010）65252135

印 刷：三河市中晟雅豪印务有限公司

经 销：各地新华书店

版 次：2024 年 5 月第 1 版
2024 年 5 月第 1 次印刷

开 本：710 毫米 × 1000 毫米 1/16

印 张：12.5

字 数：130 千字

定 价：59.80 元

最美的模样（代序）

卢群

这是我第一次写序，并且是给外孙女的诗文作品集——《忽长忽短的影子》写序，心里有点小激动。

我爱好收藏。在我的藏品中，外孙女获得的各种奖状、奖杯和证书，以及她的书法作品、美术作品和样刊样报，占据了很大比例。闲下来，我喜欢翻翻我为外孙女专门配置的收藏夹和收藏盒，看看她的成长履历，想想她的成长故事，心里总是欢喜不已。

正如女儿所说："外婆曾经当过教师，对孩子的教育，有时比父母还严格。"

的确，我对外孙女的教育是很重视的，从她牙牙学语时起，就教她背诵古诗词，认识汉字和数字。到了入学前夕，孩子已经能够熟背一百首古诗词，会做二十以内的加减法，会写一百多个汉字了。于是一入学，孩子就得到了老师和同学们的关注。

上个月，我在家乡的老年作家群里，发了孩子的几首小诗，不承想，竟收获了很多赞扬。徐应葵老师还以孩子的小诗为例，写了《赏读现代诗——说说现代诗写作》一文。这是个大惊喜了。徐老师从诗的节奏、用韵、章法、构思、修辞、炼字炼词、炼主题、诗行的排列等多角度，对孩子的稚嫩小诗进行了全方面点评，重点是鼓励和肯定，使我这个"诗盲"，对现代诗的写作有了粗浅的了解，对孩子的写作能力有了新的认知。在此期间，海燕校长多次建议，要我帮孩子出本作品集。她说："您必须相信我的眼光，宝宝的诗和作文不是一般的好，心清如水，文笔灵动多姿。"我一下子就被说服了。

整理外孙女的作品集，我只用了十来天时间。因为我的电脑里，收藏着外孙女在家里写的所有作文。外孙女参加过两次作文辅导班，那是学校为选拔学生参加省里的作文大赛专门举办的。从那以后，孩子完成老师布置的家庭作文时，总是先静静地思考几分钟，接着写出作文提纲，再运用手机里的"讯飞语记"记录下文稿，然后下载到电脑里请我把关。从构思到成文，也就半把个小时。再看孩子的作文，无论谋篇布局还是遣词造句，都很不错呢。当即，我给孩子建了个文件夹，以后所有作文，都收藏到文件夹里。那时我就有个想法，等孩子十八岁时，就帮她出一本作品集，作为成人礼的礼物送给她。只不过这个计划，因海燕校长的建议而提前了。

在整理文集的过程中，我数次被孩子的写作状态而感动。孩子发表的第一篇习作叫《萤火虫》。那是她刚进入小学后的一个夜晚，我们去中山陵看萤火虫。一下车，密集的萤火虫以及它们发出的荧荧绿光，就将我们深深吸引。好奇的孩子，不停地问这问那。而好为人师的我，自然不会放过任何释疑解惑的机会。第二天放学回来，我建议她把看萤火虫的经历写一写，孩子一口答应。大约一个小时吧，孩子就把习作捧到我面前。我接过一看，除了"的地得"和标点符号使用不当外，语句还是很流畅的。尤其难得的是，文章结尾还引用了李白的《咏萤火》，这样既照应了作文的开头，又增添了作文的色彩。我把作文投给了《南京晨报》，没几天就刊发了。我激动地对女儿说："宝宝有写作天赋呢，要好好培养！"

孩子第一次参加作文竞赛，是第二届江苏省两岸青少年征文大赛。那时外孙女才八岁，为了给她鼓劲，我们全家都出动了。孩子却一如往常，依然说说笑笑，初生牛犊不怕虎啊！进入赛场不久，我们就知道了参赛题目，其中一个叫"我想——"。当时我们都在学校礼堂里，听校长介绍学校的有关情况。那是一所外国语学校，办学条件和师资质量都不错。可我们哪里听得进呢？我们的心都在孩子身上。因此孩子一出赛场，我们就迫不及待地问她写了哪个题目。孩子故意拖着长音说："我想——"

"想什么啊？"

"我想变成一棵水草！"

"水草？"我暗暗吃惊，不过没有表现出来，我轻轻地问道，"你怎么想起要变水草的？"

外孙女小脸一扬："我看了徐志摩的《再别康桥》想起的！"

我的脑子里，立刻涌现出徐志摩的著名诗句："轻轻的我走了，正如我轻轻的来……在康河的柔波里，我甘心做一条水草……"我按捺住激动的心情继续问道，"你是怎么写的？"

孩子脱口而出："我写了一首诗！"

"一首诗？"我愣住了，凭我的经验，体裁不对，文章写得再好也没戏。当然，我依然没有表现出我的惊讶，我还想看看小外孙女的诗作呢，"宝宝，你的诗一定很棒，写出来给我看看好吗？"

"好。"外孙女愉快地答应了。

一到家，孩子就拿出纸和笔，"刷刷"地写起来：

我想变成水草

春天来了
春天是位热心的阿姨
她笑眯眯地问我
想变成什么

我想了想说
我想变成绵绵的细雨
洒在软乎乎的草地上

我想变成一只蝴蝶
停在香气扑鼻的花朵上

采集最好的花蜜

我想变成一条小鱼
在水里快乐地生活

我想变成明朗的月光
帮助夜行的孩子找到回家的路

我想变成可爱的星星
把夜空点缀成美丽的花园

我想变的东西太多了
多得我拿不定主意
这时
我看到了温暖的小溪
就想变成玲珑的水草
水草像一条绿色的绸缎
静静地站在水里
小鱼来了
在水草间游戏
蝴蝶来了
在水草上舞蹈

说实话，那一刻我真是乐坏了。这孩子随我们卢家人呢，我父亲在县政府当过秘书，写得一手的好字好文。到了我们以及我们的下一代，也大多文科好于理科。再想到孩子两三岁时，有一次我教她背古诗，她突然说道："婆婆（南京人也称婆婆为外婆），我以后也写诗！"

　　"好啊，你一定能行！"我嘴里说着，心里却没当回事。

　　那年的阳春三月，朋友请我们去农家乐吃饭。走在栈桥上，外孙女突然吟道："哇，太美啦！小草醒来了，花儿开放了，太阳在河水里跳着舞蹈，鱼儿在河水里游来游去……"

　　"喂，你们听见了吗？雨竺在吟诗呢！"我兴奋得大叫，那个时候，孩子才四岁，了不得啊！

　　七岁那年的父亲节，孩子给爸爸做了个节日礼物。那是一幅用彩纸贴成的向日葵，旁边还歪歪扭扭地写了一首小诗：

父爱

你是向日葵，

我是葵花籽。

每天，

你都向着太阳，

把最充足的营养，

全都给了我。

父爱，

不就像这向日葵吗？

每天，

都把最好的一面，

给了孩子。

不用说，那年的父亲节，成了我们全家人的节日。

扯远了，还是说说竞赛的事吧。那些日子，我们一家人都莫名地感动着。当然我们也很清醒，作文竞赛肯定没戏！后来果真如此，孩子通过了初赛，决赛名单却没有她。不过这已经不重要了，重要的是孩子不但喜爱读书，而且善于读书，善于运用别人的智慧充实自己。

2020年暑假期间，外孙女写了一组《趣》。这是老师布置的假期作业。过了暑假，孩子就升五年级了。大约是因为教育教学需要，老师布置的作文有点难，从"聊趣、读趣、食趣、友情趣"等题目看，采用小言论或小品文来写似乎更恰当些。可孩子从没写过此类作文啊，能行吗？还是多虑了，每个孩子的"可能"都是无限的。比如孩子的这组《趣》，就写得趣味十足。欣喜的我，将文字发到了"菜花群"。群里人，都是我最熟悉、最信赖的朋友。更重要的是，我们有着共同的兴趣爱好，话能说到一处去。果然，看了外孙女的文字，当即有人质疑："是你外孙女写的吗？"这是赞扬了，我回了个胜利的手势，以示肯定和喜悦。

《我喜欢的一个字——青》，是外孙女五年级时写的一篇作文。外孙女在作文中写道："青，作为中国的传统色彩，它不同于蓝的深沉，也不像绿那样明亮，它是乡愁的色彩、生机勃勃的色彩、婉约而柔美的色彩。"为了证实这段表述，外孙女列举了王希孟的《千里江山图》，郑愁予的《青空》、周杰伦的《青花瓷》，再同国家提倡的"守着绿水青山一定能收获金山银山"的理念相结合，最后自然而然地引出结论：所以在众多汉字中，我对"青"格外喜爱。

一个十来岁的孩子，能把"青"写得如此出彩，完全得益于她的知识积累。孩子喜爱读书，很多中外名著都读过。她的房间里，最值钱的宝贝就是书。每次逛街，书店是孩子必去的地方。我们送她的礼物，也大多是书。"书籍是人类进步的阶梯""腹有诗书气自华"，这些经典语句，在外孙女身上得到了很好的验证。

说起外孙女的进步，要感谢她的几位老师。桃李不言，下自成蹊。这本文集，收录了多篇赞美老师的文。其中一篇，外孙女是这样写的："我想成为一个老师，像韦老师那样和蔼可亲的老师；我想成为一个老师，像贾老师那样诗情画意的老师；我想成为一个老师，像李老师那样理性与感性兼具的老师。"孩子的心里有杆秤，老师对她的好，全记着呢！

这本作品集，我是按时间顺序排列的，如此，孩子的进步一目了然。我以孩子的小诗《忽长忽短的影子》为书名，是因为"忽长忽短"富含童趣和哲理，它既是一个自然规律，一个真真实实的存在，还暗喻着孩子的成长。现在，孩子已经读初中了。从2009年9月17日到2023年9月17日，我陪伴了她十四个年头。可以说，我见证了孩子的每一个变化和进步。我对孩子的了解，有时比她的父母还要透彻。孩子小时候就爱美，衣服只要有一点点污渍和褶皱，不换下来决不出门；孩子有自己的审美观，搭配衣物、挑选衣物，一定要自己说了算；在家上网课的日子，衣服鞋袜仍然穿得整整齐齐；老师布置的各种作业，不满意决不上交……当然，我更喜欢孩子认真的样子、勤奋的样子、不怕困难的样子。我发现，每当孩子写出一幅好字、画出一幅好画、完成一篇得意的作文、交出一份满意的答卷，那就是孩子最美的时候。我坚信，如果孩子能将这美丽的状态保持下去，未来就一定很美好。

孩子，外婆看好你！

2023年9月20日于大丰

目 录

父爱

你是向日葵，

我是葵花籽。

每天，

你都向着太阳，

把最充足的营养，

全都给了我。

父爱，

不就像这向日葵吗？

每天，

都把最好的一面，

给了孩子。

给爸爸的父亲节礼物，写于 2017 年 6 月 18 日徐老师点评：人们总把父爱比成山，说"父爱如山"，可小诗人把父爱比成向日葵。亲爱的读者，你知道为什么吗？因为小诗人知道：向日葵永远向光而生。父亲是向日葵，"我"是葵花籽，父亲带着"我"永远追求光明。

　　诗短旨长，言浅意深，如此构想，是新颖美好的创意。

我想变成水草

春天来了
春天是位热心的阿姨
她笑眯眯地问我
想变成什么

我想了想说
我想变成绵绵的细雨
洒在软乎乎的草地上

我想变成一只蝴蝶
停在香气扑鼻的花朵上
采集最好的花蜜

我想变成一条小鱼

在水里快乐地生活

我想变成明朗的月光

帮助夜行的孩子找到回家的路

我想变成可爱的星星

把夜空点缀成美丽的花园

我想变的东西太多了

多得我拿不定主意

这时

我看到了温暖的小溪

就想变成玲珑的水草

水草像一条绿色的绸缎

静静地站在水里

小鱼来了

在水草间游戏

蝴蝶来了

在水草上舞蹈

2017 年 11 月第二届江苏省两岸青少年征文大赛（低幼组）现场作文

徐老师点评：世间有太多的美好事物，"我"都想变成"它"。"我"最想变成的，是小溪中玲珑的水草，因为它美丽，如"一条绿色的绸缎"，还因为它人缘好，大家都想亲近它。

小诗人热爱生活，向往美好，若不是有颗柔软真诚的美好心灵，何以想到要变成生活中那么多的美物。最后选择了美中之最爱的水草，这是诗意笔法，其实，小诗人对任何美好都热爱。

小诗人善于观察生活，对生活中的点点滴滴，美景美物，皆览入眼中，写诗时信手拈来，便成诗。写作要素材，素材从哪里来？从观察生活中来。善于观察，善于发现，善于搜集，善于运用，这些方面，在平时的生活中，小诗人做得很出色。

奇怪的事

我奇怪得不得了，
没有人给花儿喷香水，
花儿怎么会那么香呢？

我奇怪得不得了，
没有人给小草刷颜料，
小草怎么会那么绿呢？

我奇怪得不得了，
没有人给毛毛虫施魔法，
毛毛虫怎么会变成蝴蝶呢？

我奇怪得不得了，

太阳是从东方升起的，

天黑了为什么不回家呢？

我奇怪得不得了，

月亮明明挂在天上，

小河里怎么也有一个呢？

我奇怪得不得了，

我问谁谁都说：

那是应该的。

指导老师：贾卉；发表于 2018 年 3 月 20 日《新江北报》

徐老师点评：奇怪的事，其实不奇怪，它们都有明确答案，作者未必不知，但偏说"我奇怪得不得了"，用这种叩问，为诗风的活泼增加了一层引人入胜的色彩，让人产生欲读不罢的感情。

黏人的妈妈

我的妈妈喜欢黏人，
像个顽皮的小孩儿。
我说想变成一只美丽的小鸟，
她就要变成一朵洁白的云彩，
随时让我有一个休息的地方。

我的妈妈喜欢黏人，
像个顽皮的小孩儿。
我说想变成一朵可爱的小花，
她就要变成一位辛勤的园丁，
随时随地地照顾我。

我的妈妈喜欢黏人，

像个顽皮的小孩儿。

我说要变成一条小路，

她就要变成一块路牌，

随时指引我想去的地方。

我的妈妈喜欢黏人，

像个顽皮的小孩儿。

我说我长大了要去远方，

妈妈说要改掉黏人的毛病，

站在原地，等着我回家。

指导老师：贾卉；发表于 2018 年 5 月 29 日《南京晨报》

徐老师点评：《黏人的妈妈》歌颂的是母爱。写母爱的诗有千千万，没读过如此之颂。妈妈黏来黏去，是爱儿之情的释怀。最后，妈妈不黏人了。哦，读者这才知道，原来，当儿女奔向诗的远方之时，妈妈主动表示要"改掉黏人的毛病"。到此，识大体顾大局的母爱直达高峰，又直抵读者心灵。

作者笔下的诗路，亦即作者写作的思路，亦即母爱的心路，妙不可言。

小诗人，是个小天才！

活着

活着
现在活着
那就是清晨的第一缕阳光
是长出新芽的银杏树
是饭桌上热气腾腾的米粥

活着
现在活着
是竖笛里的一支曲子
是琴键上舞蹈的手指
是画板上的五彩缤纷
是观赏着陶醉的眼神

活着

现在活着

是听外婆讲过去的故事

是弟弟在牙牙学语

是我在灯光下写诗

是雨飘到了我的诗里

徐老师点评：《活着》，怎么样？小诗人告诉我们：现在活着，我们接收濡养；现在活着，我们快乐地生活、学知识；现在活着，我们聆听长辈教导，陪伴弟弟，自我进取。诗，抒写少年"现在活着"的一段成长史，读者见到了一个活泼可爱、积极向上的小诗人的形象。把抽象的理性话题即活着的意义，化作诗的语言形象地表达出来，这是小作者的天才思维的体现。

流星花

一颗顽皮的星星

划破寂静的夜空

落到了花园里一朵花儿的身上

第二天

花园里的花儿开始比美了

牡丹、芍药、百合花

都把自己最艳丽的色彩展现出来

可

唯独那星星落着的小花

默默无闻

这时

她打开了自己的花瓣

那颗星星发出了耀眼的光芒

从此

这颗流星花就成了花园里最艳丽的花朵

徐老师点评:《流星花》这首诗很奇葩,主题积极又热烈。流星花愿意牺牲自己,成就别花,它乐意"我为人人",这是一种助人为乐的精神。在成就了别人之后,流星花也不忘记彰显自身的美丽,显示生命的意义。

学习本诗,要学习深刻立意的本领。这位小诗人,有驾驭如此立意的能力,不能不承认她有文学天赋。

忽长忽短的影子

路灯亮了，

有三个长长短短的影子，

在我、妈妈、外婆面前。

最短的那个属于我，

最长的那个属于妈妈。

妈妈说：

你的影子还会长高。

我说：

难道影子会变矮？

外婆说：

我的影子会变成最矮的那个。

而最高的，将是你。

几只小鸟，

在影子间跳来跳去，

它们哪里知道，

这忽长忽短的影子，

就是生命的密码。

外婆给予了妈妈，

妈妈又给予了我。

指导老师：贾卉；发表于 2019 年 12 月 7 日《大丰日报》

徐老师点评："这忽长忽短的影子，就是生命的密码。"生命的
密码究竟是什么？小诗人没有正面回答，只是说"外婆给予了妈妈，
妈妈又给予了我"，多么含蓄，让人深思。基因的遗传、薪火的相传、
文明的承接、人类的进步等，都在这一密码之中，但不必说得十分明
确，这就是诗意的深远。

诗，是讲究炼意的，阅读本诗，就学习炼意吧。

萤火虫

一天晚上，我和梅一凡在爸爸、妈妈的带领下，去灵谷寺看萤火虫。

一到公园门口，我们就被眼前奇妙的景象深深地迷住了。只见可爱的小精灵们提着灯笼飞来飞去，飞上飞下，把茂密的树林装扮成神奇的宫殿。到了公园里面，萤火虫更多了，草丛里、大树下，到处闪闪烁烁的，好看极了。

妈妈说："萤火虫一闪一闪的，像不像天上的星星？"

爸爸说："萤火虫一明一暗的，像不像小朋友在眨眼睛？"

我高兴地说："像，都像！"

看萤火虫的人真多，有的人拿着手机在拍照，想要留住这画面。有的人则仔细地看着，小声地谈论着，好像怕惊动了小精灵们的聚会。

不知不觉，夜已经深了，看萤火虫的人已陆陆续续离开，我们也在爸爸妈妈的催促下依依不舍地返回。

回家路上，我开心地朗诵起李白的《咏萤火》："雨打灯难灭，风吹色更明。若非天上去，定作月边星。"

指导老师：贾卉；发表于 2017 年 6 月《南京晨报》

外婆点评：说实话，让孩子写这篇作文时，我没抱多大指望，毕竟孩子才上一年级啊。可是，当孩子把《萤火虫》捧给我看时，我被惊艳到了。孩子不仅把看萤火虫的情景描写得有声有色，结尾还引用了李白的《咏萤火》，这样既照应了习作的开头，又增添了习作的色彩，真的不错呢。惊喜中，我朝孩子竖起了大拇指。

美丽的天鹅湖

去新疆旅游，印象最深的是要数天鹅湖了。

那天一上车，导游就告诉我们，说有位老人，看到一对受伤的天鹅，就把它们抱回家，给它们治伤，喂它们吃饭。为了救助其他的天鹅，老人还在湖边建了房子，而她治好的那对天鹅，也一直陪着她。

听了导游的介绍，我非常感动，很想见一见这位老人。到了景点一看，湖边果然有一座小木屋，可是门却紧紧地锁着。老人难道是喂鸟去了？导游说，她每天都要到湖边投放食物。这么想着，我就跟随家人向湖边跑去。

天鹅湖真美啊，清澈的湖水碧波荡漾，一些不知名的鸟儿，有的在湖水里嬉戏，有的在天空中翱翔，"叽叽喳喳"的叫声，像在欢迎远方的客人。湖面上有一座长长的曲桥，非常好看，很多游客都在那儿观看美景，有的还在拍照片，可是这些都引不起我的兴趣，我就想看看老人和那对天鹅。然而人那么多，鸟儿那么多，天鹅在哪儿呢？老人在哪儿呢？

"天鹅，天鹅！"有人惊叫起来，我随着那人的手指远远望去，"哇！"湖对岸的草地上，真的有一对天鹅呢，只见它们亲密地依偎在一起，好像在说着悄悄话，我连忙让妈妈拍下这珍贵的一幕。

回程路上，大家都议论着看到的美景，吃过的美食，我却在想象着那对天鹅的美好生活，想象老人究竟是啥模样。

发表于 2017 年 9 月 9 日《大丰日报》

远音尘点评：新疆美景数不胜数，小作者却可以抛下所有诱惑，只写天鹅和那个老人。天鹅相依相伴，老人一直没有出现，给所有人留下了悬念，天鹅的幸福相依，正是老人救助喂养的结果，老人一直在文外，却给所有读者留下深刻印象，又留下无限想象的空间。

他变了

　　我有两个弟弟。大的已经 5 岁了，小的才 3 岁。暑假期间，他们从加拿大回来参加学前培训。吃饭的时候，我看到他们还要人喂，而且喜欢到处乱跑，一会儿去玩玩具，一会儿去看图书，一顿饭要吃好长时间。

　　看到弟弟这么调皮，我想，小弟弟暑假后就要上幼儿园了，到了幼儿园，谁给他喂饭呢？要是吃不上饭，怎么能学习呢？不行，得利用暑假在家的机会，教会他自己吃饭。于是我就告诉他学会吃饭有多重要，教育他吃饭的时候要守规矩，不可以乱跑乱动，要玩也得等到吃完了以后才能去玩，并手把手地叫他抓筷子。可是由于爷爷奶奶在一旁宠着，这个计划没能实现。

　　前天，婶婶给我发来一段视频，两个调皮的弟弟，终于学会自己吃饭了，并且抓筷子的姿势还十分正确。我看了非常高兴，这下子再也不用担心他们饿肚皮了。

今天，婶婶又发来一段视频，我的大弟弟正在水龙头下有模有样地洗碗，比我这个当姐姐的还要能干。婶婶说，弟弟不仅能好好吃饭，还抢着帮爸爸妈妈做家务，比如说吃完饭以后，他就主动把碗筷收到水池里洗。妈妈拖地的时候，他就拿着小拖把帮着妈妈一起拖。他的这种行为还感染了小弟弟，现在他们俩已经成了大人的好帮手了。最后婶婶还表扬我说："两个弟弟的进步，是姐姐教育的结果，姐姐给弟弟做了个好榜样。"

看到弟弟的变化，我又有了新的打算。等下次他们回来，我还要教他们学文化，教他们背古诗，教他们更多的道理和知识。

写于 2018 年暑假

远音尘点评：小作者人小，文字很老到，特别擅长只抓一个点把事情说透。两个弟弟备受家人宠爱，纵有小小缺点也是被百般允许，小作者却因为是姐姐，觉得有帮助的必要，也确实付诸行动，切入口特别小，收效很明显，值得所有成年教育者深思。小作者擅长从生活琐事入手，正是对写作内容选择的完全解密。

奶奶的菜园子

　　奶奶的屋子后面，有一个小小的菜园，一年四季的菜蔬，都由菜园子供给。

　　春天是万物复苏的季节。一场春雨过后，芹菜、生菜、莴苣等纷纷从泥土里钻出小脑袋，给菜园子带来春的气息。爷爷割一把韭菜炒鸡蛋，切一把芹菜炒肉丝，再炒两个素菜，烧一碗香喷喷的马兰头鸡蛋汤，一家人吃得兴高采烈。

　　夏天是菜园盛大的节日：丝瓜摇曳着长长的身躯，南瓜鼓着圆圆的肚皮，豆荚翘起弯弯的嘴巴，西红柿像小灯笼似的拽弯了母亲的腰，还有茭白、芦笋、冬瓜等，纷纷亮出娇美的容颜，似乎要进行一场选美比赛……

　　我最爱吃奶奶种的甜瓜了，咬一口甜甜的，味道好极了。黄瓜是爸爸妈妈的最爱，每次回家都忘不了带几根。外公血糖有点高，苦瓜是奶奶专为他种的。大家各取所需，每一次都像是"鬼子扫荡"似的满载而归。

秋风一吹，奶奶的菜园越发美了：紫色的茄子、绿色的秋葵、淡青色的瓠子、白里带绿的卷心菜，还有藏在泥土里的芋头、红薯等。外婆抚摸着我的头发感叹道："哇，谁把颜料泼洒在地里了？"外婆是作家，说起话来特别有趣。

冬天，奶奶的菜园依旧生机盎然：大白菜挺着胖乎乎的身躯，紫甘蓝微笑着可爱的脸庞，白萝卜把泥土撑出了缝隙，还有生菜、茼蒿等，品种有十几个呢。奶奶的菜园子，美丽了冬日的田野，给我们的生活增添了美味和乐趣。

谁知盘中餐，粒粒皆辛苦。奶奶的菜园子，是奶奶的汗水浇灌的。我爱奶奶，也爱奶奶种植的蔬菜。

指导老师：贾卉；发表于 2018 年 11 月 2 日《新江北报》

外婆点评：奶奶的菜园子，在小作者笔下热热闹闹、惊喜不断。透过文字仿佛能闻到菜园子里瓜果飘香，看到菜园子里姹紫嫣红，恨不能也有一块菜园子，像小作者的奶奶那样，体验体验"采菊东篱下，悠然见南山"的田园生活。

塞纳河的风情

法国是有名的浪漫之都。位于巴黎的塞纳河，更是一条浪漫的河流。沿着塞纳河行走，看到的是巴黎独特的浪漫风光。

我们站在岸上俯视塞纳河，塞纳河的河水波光粼粼，像一条银色的飘带系在巴黎城的腰间。

在塞纳河上，有一座亚历山大三世桥。这是俄国沙皇尼古拉二世为庆祝俄法联盟而献上的珍贵礼物。桥长107米，桥头耸立着金光闪闪的战神雕塑，战神张开着两只翅膀，拉弓搭箭的姿势真是英姿飒爽。桥身是白色的大理石，上面雕刻着法国的古老雕花，非常厚重。就连桥上面的路灯，也有一种历史的年代感。不少作家，在美丽的塞纳河畔写出了闻名世界的文学巨著。

白天，河面暖风习习，前来观光的人络绎不绝。老人在塞纳河旁边的草地上散步，晒太阳。妈妈们带着孩子在河滩上野餐，玩沙子。爱好绘画的人，则用手中的画笔将这美丽的景致全都留藏在画布中。每个人都在用自己的方式欣赏着塞纳河。

　　工人们坐着船，在塞纳河上运输着货物。演员们直接就坐着小船，在塞纳河上演起了话剧。不少游客都被这独特的艺术所吸引，纷纷来到河边观赏。一些教徒，也坐着小船，去巴黎圣母院瞻仰神像，做祷告。

　　到了夜晚，河边的路灯亮了起来，白天的喧闹渐渐消失，塞纳河慢慢安静了下来，前来观景的人们也渐渐离开了河边，静寂的河边只有一两个人在散步。河上的船只也停到了岸边，静谧的夜色笼罩着塞纳河，只有那河水，还在哗哗地流淌。

2018 年 12 月

　　老师点评：塞纳河的景致在你的笔下风光无限，真羡慕你见到了美丽的塞纳河。

春联

今天，我和妈妈从商场回来，看见一座写字楼的上面贴着一副春联，上联是"气吞河流江湾湖泊海涛"，下联是"昊耀田园森林戈壁苍穹"。看到这副春联，我觉得特别有意思，就暗暗地记在心里，回到家里就立刻记在了笔记本上。

这副对联对仗工整，气势磅礴，气象万千。上联的"气吞"二字，是取自南宋辛弃疾《永遇乐·京口北固亭怀古》：想当年，金戈铁马，气吞万里如虎。作者站在北固亭上远望眼前的一片江山，想到了千百年来曾经在这片土地上叱咤风云的英雄人物是何等威猛！对应下联的"昊耀"二字。昊的意思是天，耀的意思是照耀。昊耀就是天空照耀着大地。"河流江湾湖泊海涛"对应"田园森林戈壁苍穹"，把祖国的山川河流大海和世间万物都融合了进去，表达了对祖国大好河山的热爱之情和美好祝福。

当我研究完这副对联的时候，不禁感慨万千。对联是中国的传统文化，过年贴春联表达了人民迎祥纳福的美好愿望。想到这里，我赶忙叫妈妈把我们家的春联也贴上来。

写于 2018 年寒假

外婆点评："气吞河流江湾湖泊海涛，昊耀田园森林戈壁苍穹"，是孩子逛商场时看到的一副对联。有心的孩子不仅记住了这副对联，回家后还进行了研究，从而得知"气吞"取自南宋辛弃疾的一首词——《永遇乐·京口北固亭怀古》，"昊耀"是天空照耀大地的意思，真是走到哪学到哪啊！

快乐的音乐盛会

　　我们学校每年都要举行童童合唱节。为了能登上合唱节舞台，我们早早开始了准备。我们在音乐老师的指导下一遍遍地练习唱歌，嗓子唱疼了也不在乎。老师见我们积极性很高，还帮我们设计了动作和演出服装。由于准备充分，我们的节目被选上了。

　　合唱节终于来了。那天中午，我们早早来到六楼报告厅。报告厅隔壁的一个教室，是演出化妆的地方。一上六楼，就听到里面吵成一团。原来是几个调皮的男生，东躲西藏不肯化妆。班长生气地说："谁不化妆就不许上台！"那几个男生才老实下来。

　　轮到我们上台了。当我们一亮相，全场立刻传来"哇"的惊呼。我们女生穿着白衬衫、红裙子，男生穿着红衬衫、白裤子，再加上美丽的妆容，一个个美极了、帅呆了。

　　"可爱的小鞋匠，你修鞋整天忙……"音乐声一起，我们欢快地唱起来。这是一首德国儿童歌曲，讲述的是一个小鞋匠的故事。

我们的歌声仿佛让同学们看到了小鞋匠的高超技艺，以及小鞋匠劳动时的愉快心情。当我们唱完最后一句，同学们全都鼓起了掌。

合唱节的节目真精彩啊，歌声不仅吸引来老师和同学，还吸引来很多家长，许多大人还用手机录了像。我不停地鼓掌拍手，同时在心里已经在期盼着明年的合唱节了！

指导老师：贾卉；发表于 2019 年 1 月 8 日《南京晨报》

栀子花点评：仔细的观察、用心的感受、倾情的投入，让一年一度的合唱节在小作者的笔下，是那么精彩、那么引人入胜！真不愧是孩子们"快乐的音乐盛会"！

堆雪人

　　纷纷扬扬的雪下了整整一夜。第二天早晨，我推开窗子一看，屋顶是白的，树木是白的，街道是白的，草坪也是白的，整个南京城像盖了一条雪白的被子。

　　瑞雪兆丰年。冬天里的雪，不仅有利于农作物生长，也是我们小朋友最盼望的。不信你看，时针刚指向七点，花园里就聚集了很多人，五颜六色的帽子、围巾、羽绒服，像一朵朵艳丽的花儿，开放在白雪皑皑的雪地上。我顾不得细细品尝妈妈熬制的桂圆莲子粥，匆匆吃完早饭，拿上小塑料桶和小铁锹，就和爸爸一起下楼了。

　　楼下的花园里，已堆起七八个雪人。那些雪人，有的戴着帽子，有的围着围巾，有的握着木棒，还有的扛着笤帚，模样十分有趣。我立刻摘下手套，加入堆雪人的行列。

　　我和爸爸找了一块平地，用小铲子将周围的雪聚拢起来，堆成一个半人高的雪堆，再把它修整成人的模样，安上了手臂和脑袋，雪人的轮廓就出来了。接着，我们用黑豆、胡萝卜和红辣椒，给雪人装上了眼睛、鼻子和嘴巴。爸爸还突发奇想，在雪人的脖子上镶嵌了一圈红豆，这样，雪人就有了一条非常好看的红宝石项链啦。

有了这些装饰后，我觉得还缺点什么，上下一打量，哎呀，雪人还空着两只手呢！对了，塑料桶和铲子，不是很好的道具吗？我连忙把小铲子放到雪人的右手边，塑料桶放到雪人的左手边，哈哈，一个劳动者的形象就出来了！

"来，我给你和雪人合个影。"

见我乐得合不拢嘴，爸爸连忙拿出手机，给我和我的雪人留下了美好的一瞬。

2019 年 1 月

海边漫点评：小作者观察细致，表达生动，文字有很强的画面感。"纷纷扬扬的雪下了整整一夜"，"纷纷扬扬"是对下雪状态的描摹，也是热爱阅读的小作者对经典名著《水浒传》的模仿和致敬。"整整一夜"强调下雪时间之长，为下文堆雪人提供了依据。跟随着小作者的视线，由"屋顶"而"树木"而"街道"而"草坪"，由上而下，移眼换景，"整个南京城像盖了一条雪白的被子"，比喻贴切，富有想象力。

雪人堆好了，父女俩给雪人安上了"黑豆"眼睛、"胡萝卜"鼻子和"辣椒"嘴巴，黑、黄、红，色彩鲜明，煞是好看。读者以为雪人堆好了。然而没有，小作者把带去的劳动工具安装到了雪人身上，右手铲子左手桶，妥妥的劳动者形象！这就不得不为小作者构思的巧妙喝彩，从结构上，首尾呼应，从思想内容上，赋予了雪人以灵魂、以生命，让雪人的形象活了起来。这是本文的成功之处，也是小作者对生活思考的闪光之处。

第一次拔牙

一说起拔牙，我就会打一个冷战。

记得 6 岁那年的一天，我吃苹果时，突然感到牙齿一阵剧痛，低头一看，苹果上还有鲜红的血迹。我吓坏了，赶紧用手一摸，发现下门牙松动了。

妈妈见我哭丧着脸，连忙安慰道："别害怕，每个孩子到了六七岁的时候，都有个换牙的过程。牙齿松动了不能用舌头舔，否则长出来的牙齿不整齐，影响美观。"

我懂事地点点头。可是这颗牙也太结实了，歪歪斜斜地长在那里老也掉不下来，吃饭一碰到它就疼，真希望立刻把它拔掉。

妈妈查看了一下，发现新牙已长出了一点点，乳牙不拔掉会影响新牙的生长，就决定带我看医生。

一听说看牙医，我很害怕。可是想到那颗牙齿给我带来的麻烦，还是下定了决心。

第二天，妈妈陪着我走进医院。躺到椅子上时，我的心"扑通扑通"直跳。尤其是看到那些钳子、针管之类的东西，更加害怕。

胆战心惊中，医生坐到我面前，亲切地问我多大了，上学了没有。

见医生这么和蔼，我的心情平静了很多。接着医生叫我张开嘴巴，如果害怕可以闭上眼睛。我听话地一一照办了，不一会儿，只听见"叮咚"一声，我的那颗松动的牙齿已到了盘子中，奇怪的是我却一点都不觉得痛。可是，看到那颗带着血丝的牙齿，我还是吓出了一身的汗。

2019 年 1 月 4 日

海边漫点评：小作者先交代了拔牙的原因，"感到一阵剧痛""低头一看""吓坏了""用手一摸"直至"门牙松动了"，动作描写形象生动。

写妈妈对"我"拔牙的处理，很有层次感。先耐心安慰，再仔细查看，再全程陪同，一个知性慈爱的母亲形象跃然纸上，如此，"我"对拔牙不那么畏惧了。

加上遇到一个和蔼专业的医生，"我"害怕不安的心情平复了很多。然而，这终究还是拔牙，最后，那颗带着血丝的牙齿掉到了盘子里，"我"松了口气，却也"吓出了一身的汗"。戛然而止，心有余悸。小作者就是这样把第一次拔牙写得惊心动魄又饶有趣味。

演讲稿

尊敬的老师，亲爱的同学：

大家好！

在这个春暖花香的日子，我们迎来了少先队大队委竞选的活动。我是三年级（1）班笪雨竺，今天，我十分荣幸地登上讲台参加竞选，感到无比激动和自豪。

三年来，我在老师的教育和帮助下，德、智、体、美、劳都得到了发展。从一年级开始，老师就赋予重任，让我参与管理班级纪律。三年级上学期，同学们又推选我担任少先队宣传委员，让我得到了进一步锻炼。

在担任班干部的两年中，我认真履行职责，带头遵守纪律，关心集体、团结同学，尽最大努力当好老师的小助手。

我爱好广泛，除了认真学好课本知识外，还喜欢看书、喜欢弹琴、喜欢书法、喜欢习作、喜欢画画等。如今，我已背诵古诗词三百多首，五篇习作登上省市报纸，书法水平已通过硬笔五级，并两次获得省级书法比赛二等奖。我还经常参加钢琴比赛和公益演出活动，得到了指导老师的肯定。

我的优点很多，比如诚实、正直、善良，看到不对的事情敢于讲真话，和同学能和谐相处，遇到问题爱动脑筋，有一定的工作能力。最重要的是，我热爱我们这个班、热爱我的同学，热爱我的工作。三年的班级工作，我积累了很多的管理经验、提高了自己的工作水平。学校和班级举行的各项活动，我都能积极参与，并协助老师做好管理和组织工作，尽情施展自己各种技能和组织能力，为班级荣誉贡献一份力量。

在班级中，我是老师的小助手，同学们的好朋友。每当看见同学的进步，看到老师开心的笑容，看到班级取得的成绩，我总是十分开心。

假如我当选为大队委，我将更加严格地要求自己"待人正直、公正办事"；更加严格地要求自己"严于律己、宽以待人"；更加严格地要求自己"乐于助人、尊重老师"。总之，我将以自己的实际行动成为一名优秀的学生干部。

同学们，如果你信得过我，就把你手上的一票投给我吧，我一定不会让你们失望的！

2019 年 3 月 19 日

外婆点评：这篇演讲稿，把竞职的理由说得既清楚又充分，言辞也很恳切，挺能打动人的。孩子，不管结果如何，只要你能永远保持阳光健康的心态和积极进取的精神，将来一定错不了！

"滚蛋"

　　今天，我们玩了一个游戏——"滚蛋"。这个"滚蛋"并不是叫人走开的意思，而是拿一枚鸡蛋放桌上滚。

　　在我国的一些地方，端午节有"滚蛋"的习俗。端午节当天早上，老人要把煮熟的蛋放在孩子的肚皮上滚一滚，嘴里还会念叨着："宝宝吃蛋，灾星滚蛋。"也许，老师是因为受到这个习俗的影响，让我们玩"滚蛋"的游戏，并把过程记录下来。

　　回到家，我拿了一枚生鸡蛋，把它横放在桌子上，用手指轻轻一推，它就像个皮球一样咕噜咕噜滚了出去。我看见鸡蛋一开始滚得还蛮直的，以为成功了呢，谁知鸡蛋滚着滚着突然来了一个急转弯，便直奔桌子边沿跑去。爸爸赶忙伸手接住，才没让鸡蛋滚下地。难道是我用力不够？紧接着我又试了一次。可鸡蛋还是滚斜了，这可怎么办呢？见我急得直跺脚，爸爸提醒道："把蛋立起来滚看行不行。"我将信将疑地把蛋立起来用力一推，鸡蛋像翻跟头似的朝前滚去，真的在一条直线上呢！

　　哇，怎么会这样呢？我很不明白。爸爸说："宝宝，你仔细看看，鸡蛋是不是一头大一头小？"

　　"是啊，怎么啦？"我问道。

　　爸爸说："因为鸡蛋一头大一头小，横着滚的时候，小的一头就滚得快，大的一头就滚得慢，线路自然会倾斜。而把它竖起来滚，重心就平衡了，就不会滚歪了。"

　　"原来是这样啊！"

　　我非常开心，因为我又懂得了一个道理。

2019 年 6 月

　　同学点评：这篇作文不仅清晰地写出游戏过程，还写出了"滚蛋"的民间习俗，非常棒！

仁青叔叔

在这篇作文中，我想介绍一下"亲子游"中的管家仁青叔叔。仁青叔叔今年三十多岁，是个藏族人，中等身材，不胖不瘦。因为天天在外带团，所以他的皮肤黑黝黝的，笑起来牙齿特别白；眼睛不算大，但很有神；他说话的声音温和、亲切，每天一见面，就用藏语跟我们打招呼说"扎西德勒"。"扎西德勒"是你好的意思，于是我们也对他说"扎西德勒"。

仁青叔叔是个很细心的人，在接待我们的车上准备了好多矿泉水、点心、水果等，还有一个药箱呢。这样一来，我们出行前预备的食物全用不上了。云南的食品又好吃又新鲜，谁还会吃自带的果品呢？

仁青叔叔的语言表达能力强，知识也很丰富，每到一个景点，他都会详细讲解那个景点的历史、传说和特色。对我们的提问，仁青叔叔总是很细心地解答。临旅游前，我的脚趾不幸骨折，爸爸就带了一个简便的推车。每次下车，仁青叔叔总是抢着推我。如果是崎岖的山路，就弓下身子背我。山路不好走，大家摆着两个手臂走路都觉得又累又热。而仁青叔叔背着我，又要讲解又要导游，更是热得呼哧呼哧直喘气，衣服也被汗水湿透了。我非常感动，不住地在心里说"谢谢"。

六天的游程很快结束了。分别时，妈妈给我们和仁青叔叔合了影，这样，每当看到照片时，我就能想起可敬可亲的仁青叔叔了。

写于 2019 年暑假

朱爷爷点评：小作者是刻画人物的高手，虽着墨不多，却写活了仁青叔叔。开头形象描摹，中间以事见人，最后巧妙地以留影收笔，点明仁青叔叔可敬可亲的主题。

做陶杯

　　今天是我们暑假亲子游的重头戏——做陶杯。

　　去的路上，仁青叔叔告诉我们，陶艺大师的家住在塔城和香格里拉之间的一个山寨里，他们那里有一种黑土，黏性很强，可以做餐具和茶具。我们一听兴奋极了，恨不能一步跨到大师面前。车子在盘山路上开了两个多小时，终于停靠在一座漂亮的房子前。房子上空白云飘飘，四周青山环绕，脚下百草丰茂、溪水淙淙，真像是陶渊明笔下的世外桃源啊！

　　陶艺大师是一位慈祥的爷爷，见到我们亲切地说："扎西德勒！"大师身后的台阶上，陈列着一排排的陶杯，这些陶杯在阳光下闪耀着黑色的光辉。仁青叔叔告诉我们，陶杯是游客做的，做好后要放到阳光下晒干，然后才能放到窑里烧，游客拿到自己制作的陶杯，一般要一个星期以后。

　　陶艺大师的工作室有三间，中间是接待室，右边是陈列室，陈列着大师制作的陶罐、陶碗、陶杯等。左边是工作间，里面排列着凳子和桌子，桌子上放着制作陶杯的工具。我们围坐在大师的周围，学着大师的样子，把大师为我们准备好的一小块泥团，搓成一个长长的圆柱体，再从上面切下一小段，压成烧饼的模样用来作杯底。然后用擀面杖把剩余的圆柱体擀成薄薄的一片，再把它围圈在杯底上，用拍板将杯子拍平整、拍结实，并用水把接头的地方抹平，杯子的模型就出来了。仁青叔叔把我们做好的杯子拿给大师把关。真神奇，那些杯子经大师的手一过，立刻漂亮了很多。

大师笑着说："你们还可以在上面刻字或画画，这样更有意义。"我们一听特别兴奋，这可是大显身手的好机会呢！我和梅一凡商量了一下，立刻拿起刻刀，根据每个人的喜好刻上了相应的图案或文字。看到我们专注的样子，所有人都朝我们竖起了大拇指。

不一会儿，我们的陶杯也整整齐齐地摆放到阳光下。看到我们亲手制作的陶杯，每个人都露出了笑容。

写于 2019 年暑假

朱爷爷点评：本文按照备料、制坯、修饰、成形的顺序，清晰地写出了向陶艺大师学做陶杯的过程，其间穿插对陶艺大师及工艺制作现场的介绍，融洽自然，相得益彰。

写给贾老师的信

敬爱的贾老师：

您好！

我想和您说一说我的暑假生活。

我的暑假有三个阶段，第一阶段是学习。一放假，妈妈就给我报了四个补习班。前两个星期，我和梅一凡一起上午学美术，下午学书法。在美术课上，我们欣赏并临摹了文艺复兴时的大画家的作品，这些作品已被妈妈保存起来了。书法课上，我们临摹的是《灵飞经》钢笔字帖。这是我最喜欢的两门课，所以上起来很愉快。可后两个星期就没那么轻松了，每天上午英语，下午数学，两个班不在一块儿上，回家还要写作业，所以我们感到很紧张。但是看到老师给我的两张奖状时，还是很开心。

补习班结束后，我赶紧拿起暑假作业，一页一页地做，九天时间就写完了语文和数学作业。八月初，我的两个弟弟从加拿大回来了。每天中午，他们都会来我家玩，我便趁机给他们补习拼音和数学。弟弟们英语说得好，我就尽量用英文和他们说话，这样我的英文口语水平也得到了提高。

第三阶段是我最期盼的日子，爸爸妈妈帮我们报了一个亲子游团。八月十日从南京出发去云南的丽江、香格里拉等城市旅游。我们在仁青管家的带领下，体验了磨豆浆、做陶艺、野炊、捡蘑菇等活动，还看了金丝猴等珍稀动物。

一个星期很快结束了，我们都依依不舍，但我知道新学期即将开始，要收心了。所以回到家，我就开始看书、写作文。这个暑假，我过得真开心。

好了，就写到这里吧。我很快就能见到您啦。

笪雨竺

2019 年 8 月 25 日

外婆点评：这是孩子第一次写信。动笔前，孩子问我信怎么写，我一下子愣住了。说实话，自从有了微信、QQ、电子邮箱，再没写过一封信。但是孩子的问题总要回答吧，且还要准确无误，一点都不能马虎。于是连忙开动脑筋，从记忆深处找出书信的格式来。这封信说明，孩子已基本掌握写信的技巧。孩子在信中如实汇报了暑期的学习生活情况，也流露出对丰富假日的依依不舍，相信老师看了会满意的。

秋日桂语

一进入十月，天空突然高远了许多，凉爽的秋风，送来了迷人的稻香、果香和花香。

那天，我和外婆行走在放学路上，刚到小区门口，外婆突然神秘地问道："宝宝，你看看院子里有什么不同？"

我四下里看了看，树还是那些树，花还是那些花，房子还是那些房子，就连侍弄花草的园丁，还是原来的老面孔，与前几天相比，没什么两样。

外婆见我愣怔着，忙提醒道："你闻闻啊，看有没有什么变化？"

我使劲嗅了嗅鼻子，咦，哪来的一股清香？

"答案在这儿呢。"

外婆把我拉到一棵桂树下。我抬头一看，哇，原来是桂花开放了！微风轻轻一吹，竟下起了桂花雨，米粒般金灿灿的桂花，落到了我的头发和衣服上，使得我也变得香香的了。我忍不住朝桂花伸出手去。

"别碰它孩子，桂花是来美化环境的，我们应该好好珍惜才是。"

对啊，老师也经常教育我们，要爱护一草一木，我怎么就忘了呢？我的脸不禁红了起来。

第二天语文课上，贾老师给了我们一个很大的惊喜——赏桂花、尝桂花和读桂花！贾老师先给我们欣赏了桂花的图片。在那些放大的图片上，我清楚地看到桂花小巧玲珑的可爱模样，知道了桂花的品种很多，有金桂、银桂、丹桂等。当然，我最喜欢的还是吃的环节。最先摆放在我面前的是酒酿汤圆，雪白雪白的汤圆像一颗硕大的珍珠，静静地卧在浓稠的汤水里，汤圆的四周，簇拥着金黄金黄的桂花。我迫不及待地舀起一个，放到嘴里轻轻一抿，汤圆就滑进了肚子里，但桂花的香味却留在口中。

接着，老师又给我们发了桂花糕。一打开包装，奶黄色的桂花糕香气四溢。我连忙伸出手去，但是桂花糕太黏了，怎么都不听使唤，我只好两只手一起上阵，才把它从它的兄弟姐妹中分离出来。桂花糕吃在嘴里软软的、弹弹的、香香甜甜的，有些黏牙，像QQ糖一样。

"读桂花"是压轴戏，同学们有的背诵描写桂花的古诗词，有的讲述自己与桂花的种种趣事。叶雨萱写的《常忆木樨香》最能打动人，声情并茂的朗诵，使我觉得桂花好像就盛开在教室里，香味就在我们身边流淌。

"安知南山桂，绿叶垂芳根""桂花留晚色，帘影淡秋光"，"桂子月中落，天香云外飘"……桂花真是太棒啦，她不仅好看、好闻，还很美味呢，怪不得很多诗人都喜欢描写她、歌颂她。

2019 年 9 月

远音尘点评：我突然被孩子感动，一是因为她的文字，二是因为她的课堂。学习是件多么枯燥乏味的事情，可是她的老师，却安排了赏桂花、认桂花、闻桂花，居然还有食桂花的环节。老师固然有心，坐在课堂里的孩子，未尝不是另一个知己！懂老师的良苦用心，这样的习作，信手拈来，更见小作者功力！

有趣的一天

夏天最有趣的活动，就数玩水和捉小鱼了。假期的第一天，我们就带着早就准备好的小网兜和小水桶出发了。

车子在蜿蜒的山路上行走了三个多小时，稳稳地停在一座漂亮的木头房子前。妈妈说，我们今晚就住在这里。我抬头一看，一排排小木屋依傍在淙淙流淌的山溪边。对岸是郁郁苍苍的青山，好像是来到了陶渊明笔下的世外桃源。

我们住的小木屋正好紧靠着小溪，清澈见底的溪水里，小鱼儿在鹅卵石间快活地游来游去。服务员阿姨说："溪水非常干净，你们可以在这里玩水，捡石头，捉鱼虾。昨天有几个小朋友在小溪里一直玩到深夜，才在大人的催促下依依不舍地回去。"我一听，立刻换上短衣短裤，拿上小网兜和小水桶，兴致勃勃地捉鱼去了。

这个时候太阳已经挂到了西山头，天气已经不怎么热了，小溪里的鱼儿真的很多呢，它们调皮地围着我的双脚转圈圈。我连忙用网兜去兜，哈哈，网住了，网住了！爸爸一见连忙递来小水桶。谁知，当我把网兜提起来的时候，里面竟然一条鱼也没有。原来我的网兜的洞太大了，而小鱼儿又太小了，它们都从洞眼里溜了出去。我急得大喊大叫，那些小鱼儿似乎知道我拿它们没有办法，竟然朝我吐起了泡泡。

妈妈连忙劝说："没关系，没关系，网不到小鱼，我们可以捡石头呀，你看水里有很多好看的石头呢。"我低头一看，水里布满了大大小小的鹅卵石，红的、黄的，黑的，灰的，什么颜色都有，于是我们一起弯下腰去捡石头。不一会儿，就捡了满满的一小桶。看着这些五颜六色的战利品，我觉得比起捉小鱼来，捡石头也是一件有趣的事呢！

远音尘点评：小作者写作的触角，几乎伸到了每个角落。这篇其实很有深意，很多时候，我们把幸福有趣都定义为拥有和得到。比如，捕到小鱼。可是她的家庭教育别开生面，失去未尝不是一种幸福，峰回路转，转念一想，退而求其次，未尝不是另一种有趣。没有小鱼，捡石头也快乐。这种心境万金不换。

观察日记

2019 年 10 月 11 日

晚上，爸爸一进门就举起手神秘地对我说："宝宝，看我给你带来了什么？"

我抬头一看，只见爸爸手里攥着一个小袋子，忙放下笔跑过去问道："爸爸，这个小袋子里面装的是什么呀？"

爸爸说："是植物的种子，叫罗勒。下午我路过花卉店，看到很多人在那儿买花，就好奇地进去看了一下，见这个种子名字很有趣，就给你买了一小包，等你做完作业，咱们一起把它种下去好吗？"

"好啊，好啊！"我高兴得跳起来。

一做完作业，我就把爸爸拉到阳台上，在七八个花盆中挑了好一会儿，终于选中一个有着熊猫图案、模样像酒盅的小花盆。爸爸在花盆里倒了小半袋营养土，我从纸袋里拿出一把种子，仔细地将它们均匀地撒在泥土里，爸爸再在上面盖了一层土。种好后，爸爸看土壤有点干燥，就洒了一点水。

做好这一切，妈妈下班回来了，问我们在忙啥。我高兴地说："我们在种花呢。"

妈妈问："什么花？"

我和爸爸一起说："罗勒！"

2019 年 10 月 12 日

我的小罗勒在泥土里已经睡了一夜了，今天能发芽吗？早上一起床，我就兴奋地跑到阳台，去看望我的小罗勒。可是花盆里的土还是昨晚那个样子，一点都没改变。我有点失落，罗勒啊罗勒，你什么时候才能睡醒呢？太阳都已经老高了。

做完作业，我忍不住上网查询，想看看罗勒究竟是个啥模样。当我输出"罗勒"一词，哇，竟跳出了很多有关"罗勒"的词条。原来，罗勒是一种多年生草本植物，全身散发着淡淡的清香，模样跟薄荷有点相似，只不过叶子上没有锯齿。罗勒的花是紫色的，花期很长，每年能开七八个月。罗勒可以做菜品、可以做香料，而且还是一种能帮助消食、活血和解毒的中草药呢！

最让我感兴趣的是一幅比萨图片，旁边的文字说明，比萨上的绿色的叶子就是罗勒！哇，比萨可是我最爱吃的食品，如果我的小罗勒长大了，我一定亲手做一个罗勒比萨！

2019 年 10 月 13 日

今天是我的小罗勒在土壤里睡觉的第三天。夜里我做了个美丽的梦，梦见我的小罗勒已露出了可爱的小脑袋。

早上一睁眼，我连衣服都没来得及换，就去看我的小罗勒。谁知花盆里还是静悄悄的，一点反应都没有，难道是我没有照顾好它们，惹得它们不开心了？我立刻拿起喷壶，准备给它们浇点水。爸爸见了连忙说："不要浇水，土壤还是湿的呢，水浇多了会淹死它们的。"我吓了一跳，幸亏爸爸发现早，否则……我不敢往下想了。

婆婆见我很失落的样子，提醒道："宝宝，你不是喜欢画画吗？我把罗勒的图片找出来，你把它临摹下来，不就随时可以欣赏了吗？"

"好啊，好啊！"我连忙拿出画笔，根据电脑上的罗勒图片，一笔一笔地画起来。我先用铅笔画出罗勒的轮廓，再给花蕊涂上浅紫色，花瓣涂上粉红色，叶子涂上嫩绿色，枝干涂上深绿色，一会儿工夫，一棵漂亮的罗勒就画好了。

我把画好的画给婆婆看，婆婆夸奖道："哇，真好看，像我的宝贝外孙女一样，灵气、鲜活、生机蓬勃！"

2019 年 10 月 15 日

今天放学，我像以前一样，跑到阳台，去看我的小罗勒。本以为它今天会发芽的，可是它还是像以前一样，什么都没有。我有点不耐烦，心想我把它照顾得这么好，为什么还不发芽呢？是不是因为水浇得太多了？还是不适应花盆里的土壤？到底是什么原因？我决定去问问爸爸。

爸爸也感到奇怪，就上网搜索了一下，这才发现，原来罗勒需要温暖的环境，看来我们把它放在温室里，是没有错误的。

网上还说罗勒的种子必须种在沙土里，种完了以后还要在上面盖一层保鲜膜，每天揭开两次，往里面浇点水。我听完立刻跑到厨房，拿了一层保鲜膜盖到花盆上面，然后又焦急地问爸爸，花盆里的土是不是沙土？爸爸笑着说当然是啦，我们用的就是沙土。我松了一口气。现在我终于知道，罗勒为什么还不发芽，原来它要 10 天左右才能发芽呢，而我们才种了三四天，就迫不及待了。我想，既然小罗勒爱睡觉，那就让它像睡美人一样安静地躺在土里吧，直到它不愿意睡自己醒来。

2019 年 10 月 18 日

下午放学时，婆婆一接到我就神神秘秘地说："宝贝，告诉你一个好消息，你盼望已久的东西终于来临了。"

什么好消息？一定是罗勒发芽了！我不由得加快了脚步。进了家门，我径直冲进爸爸的卧室。花盆仍然放在房间的阳台上，我跑到跟前一看，罗勒真的发芽了，嫩黄嫩黄的，十分可爱。它的芽不是我们以前见过的，根茎上左右各有一片对称的小叶子，它的牙有点像鲨鱼的尖牙。这种样子的小芽，我还是头一次看见。我兴奋地用手去摸摸小芽的皮肤，又轻轻地捏了捏它的小脑袋，发现它的脑袋软绵绵的，像是包了一条质地柔软的头巾。这时，我突然发现除了这个大芽包外，旁边还有几个更小的嫩芽，以我过去马马虎虎的性格，可能就要把它当成野草拔了。现在我也分不清到底哪是杂草的芽，哪是罗勒的芽，算了，都留着吧，等它们长大了，就清楚了。

今天我真是太开心了，我的小睡美人终于睡醒了。

小结

10月11日这天，爸爸突发奇想，买回来一包罗勒的种子。这对我来说，真是意外之喜了。我喜欢花儿，很想亲手培植一株花儿，于是当晚，我就和爸爸一起，将罗勒种到一个漂亮的花盆里。从那以后，观察和照顾罗勒，便成了我每天必做的功课。

为了掌握正确的培育方法，我们还上网查询，了解到罗勒是一种喜爱温暖、不喜欢潮湿和寒冷的植物，于是就给它蒙上一层保鲜膜，白天把它放在窗台上接受阳光的抚摸，晚上端到房间里和我一同休息。不管多忙，我都要抽出时间去看看罗勒，并把看到的情况记录下来。

有趣的种植活动，不仅让我认识了罗勒，知道了它的模样、习性和用途，还提高了我观察和思考的能力，培养了处理问题的耐心、信心和恒心。

现在，小罗勒已冒出了嫩黄色的新芽，也许要不了多长时间，它会长成一个漂亮的小姑娘。到那个时候，我一定把我的小罗勒拍成照片和视频，带给我的老师和同学们看，和同学们一起分享我的成功和快乐。

外婆点评：自从种下了小罗勒，孩子起床做的第一件事，就是观察小罗勒。晚上放学回家，也要先看看小罗勒发芽了没有，长高了没有，需不需要浇水，需不需要施肥。观察完毕，还要写一篇观察日记。在孩子的影响下，我也对花草有兴趣了。

观察日记，不仅描述了从给小罗勒挑选花盆、精心呵护到冒出新芽的详细过程，也写出了一家人的浓浓爱意，好喜欢！

都是妈妈惹的祸

今天是星期六。但这个星期六，家里的气氛格外紧张，因为我上的奥数班要期中考试了。爸爸妈妈生怕我考不好，不停地让我做数学题，而这时，奶奶来了，说要给我爸爸庆祝生日，于是我们便去了饭店。

可是刚到饭店的时候，妈妈却对我说："你一点钟考试，现在已十二点半了，所以你只有十分钟吃饭时间。"

"什么，十分钟，拜托，这样的话我还不如不来饭店呢！"我一脸沮丧，不过，考试还是得考的，于是我很快吃完饭，爸爸便带我走了。

在路上我很不开心，爸爸说："你把准考证拿出来给我看看。"我把准考证拿出来，突然发现考试日期是 27 号，而今天是 26 号。我把准考证给爸爸看，爸爸说："哎呀，是你糊涂的老妈弄错了，我们赶紧返回去。"

回到饭店，我气呼呼地对老妈说："你看看你，把考试时间都给我搞错了，害得我不能安心吃饭。"

妈妈不好意思地说："抱歉啊，真是我的错，不过你看，菜刚刚才上全，我们还没怎么动筷子呢，现在你可以安心吃了。"

爸爸接着说："就是，你让我的生日都过不安逸。"

妈妈突然笑道："好啦好啦，别生气啦，宝宝，你不是要写作文吗？这下好了，你就写：都是妈妈惹的祸！"

我们一听，全都笑了。

老师点评：小作者把事情写得细致、具体，非常有趣，让人印象深刻。

家庭中的小趣事

　　在家庭生活中，经常会发生一些有趣的事情，这些事虽然不是什么惊天动地的大事，却因为有趣而让人记忆深刻。我家就有这么一件事儿，到现在还常常被父母提起，我也正是在大人的笑谈中知道这件事情的。

　　那是在我一周岁的时候，小姨奶奶刚退休，比较清闲，爸爸就把她请到家里照顾我。一天，爸爸买回一条牛仔裤，上面斑斑驳驳的，跟迷彩服差不多，是当时最流行的款式。可我小姨奶奶不知道啊，以为是谁不小心把墨水洒到了裤子上，就把裤子放到洗衣机里洗了。洗完了拿出来一看，裤子上仍然斑斑驳驳的，一点都不清爽。小姨奶奶是个爱干净的人，怎么能容忍脏东西存在呢？于是立刻拿出肥皂，一个斑块一个斑块地擦洗起来，花了好几个小时，费了九牛二虎之力，终于把那些斑块洗掉了。

　　晚上爸爸一到家，小姨奶奶立刻拿出折叠得整整齐齐的牛仔裤，报功一样给我爸爸看。我爸爸当时没在意，姨奶奶就一边抖开裤子一边说："你看，这些墨迹虽然没有完全洗掉，但比原来好多了。"

我爸爸接过裤子一看，立刻叫了起来："小姨哎，你怎么能把它洗掉呢？裤子上的斑点是人家专门设计上去的，是今年的最新款式，我就是因为喜爱才买的啊！"

小姨奶奶一听愣住了："哎哟，我还以为是污迹呢，怎么办呢？还能穿吗？"

爸爸说："这事不怪你，是我不好，没有事先叮嘱一声。"

妈妈也说："好啦好啦，不就一条裤子吗？明天再买一条就是。"

经历了这件事，小姨奶奶再洗衣服时，就谨慎了许多。

小姨奶奶是在我上小学时才离开我家的，她现在也有了可爱的孙子和孙女。每当爸爸妈妈提起这件往事，我就十分想念小姨奶奶。

外婆点评：孩子，这件事我也有责任呢，因为小姨奶奶清除斑点时，我就在旁边啊。事隔这么多年，你还记着这件事，还记着小姨奶奶，真是个好孩子。

我的心儿怦怦跳

有一件事情，在我心中印象深刻。

那是三年级时，学校组织的一次学程周活动。活动闭幕式上，语文老师让我代表班级在三年级学生面前做一次演讲。接到任务，我先是喜出望外，可静下来一想，心里便紧张起来。三年级有四五百个学生呢，要是讲得不好，自己没面子事小，辜负了老师和同学们的信任事情就大啦！

听到我的担忧，妈妈笑道："我相信你，你有这个能力，只要认真准备，一定能圆满完成任务。"

接着，妈妈还同我商量了演讲稿的写作。稿子写好后，我就一遍遍地朗读，妈妈在旁边不时地纠正着我的读音、语速和情感，并告诉我，演讲时情绪一定要饱满，站姿一定要挺拔。

演讲的时刻终于到了。早已准备好的我，不知为何又忐忑不安起来，心里像揣了好几只兔子，蹦蹦跳跳的折腾得厉害。我连忙运用妈妈教我的方法，不断进行深呼吸。这方法还真灵，心跳渐渐地恢复了正常。

我迈着轻盈的步伐，自信地走上讲台，开始了激情洋溢的演讲。由于准备充分，前一部分演讲很顺利。见同学们都认真倾听着，我非常高兴。可是这个时候，意外出现了，正演讲的那一页PPT还没说完，突然切换成下一页。这一变故，吓得我魂飞魄散，因为演讲稿我还没背熟，还必须借助画面来表达，难道好端端的一场演讲就这样搞砸了？关键时刻，妈妈的话在我脑子里响起："遇到意外不要惊慌，赶紧想出补救办法。"于是我立刻调整好自己的情绪，用一句过渡语，将所介绍的名人名言与PPT上展示的内容巧妙对接。由于反应快，谁也不知道发生了什么。

这事虽然过去了大半年，但只要一想起，我还能感觉到当时心儿怦怦乱跳的情景。

外婆点评：孩子，演讲中的意外，把我也吓得不轻呢，幸亏你反应快！你可知道？你的"反应快"除了得益于妈妈的提醒外，也得益于你的知识积累！婆婆为你骄傲！

我们的班主任韦老师

韦老师是我们的数学老师，也是我们的班主任。她眼睛大大的，戴着一副眼镜，看到人总是笑眯眯的，十分亲切，我们都很喜欢她。

刚上小学时，我们不懂规矩，经常在教室里吵吵闹闹。这个时候，韦老师总是很耐心地跟我们讲道理，教育我们要遵守学校纪律，同学之间要相互帮助、团结友爱，遇到问题要报告老师，等等。我们班有的同学很调皮，喜欢打架、说脏话、上课交头接耳，作业也不按时完成。为了帮助这些学生，韦老师做了很多工作，所以嗓子一直是哑哑的。我们都很心疼，我们所能做的就是尽量管好自己，不给老师添麻烦，同时还协助老师管好纪律。一些同学还经常带来润喉片给老师，希望老师的喉咙能尽快好起来。

上一年级时，我们不怎么会系鞋带。每当我们的鞋带松了，韦老师总会弯下腰，帮我们系上鞋带。如果有同学病了，韦老师更是关怀备至。有一次，韦老师带我们出去野炊。做饭时，有学生不小心摔了一跤。韦老师连忙从包里拿出药棉和创口贴，帮那个同学清理伤口，贴上创口贴，并叮嘱他注意安全，不要再乱跑乱动。

韦老师对我们很和蔼，但在学习上要求很严格。尤其是考试前，总是尽量多给我们讲一些题目，让我们做一些练习。考完试后，如果有同学考得不太好，韦老师会单独找他谈话，帮他分析原因，找到问题所在。在韦老师的帮助下，我们很快适应了小学生活，学习成绩进步很快。

现在我们虽然换了班主任，但我们不会忘了韦老师。因为韦老师陪伴了我们三年，她在我们眼里不仅是一位老师，还是一位母亲。

老师点评：你是一个懂得感恩的孩子，点滴的小事都融在生活的事例中，透出浓浓的爱。

四年级第一学期学程周作文

（1）小姨奶奶

如果有人问我除了父母第一个要感谢的是谁，我会不假思索地说是小姨奶奶。

小姨奶奶是我一周岁时来我家的。从第一眼看到小姨奶奶起，我就喜欢上了她，睡觉都不愿和她分开。

小姨奶奶会唱歌，会讲故事，她来了后，我们家热闹了许多。那时我胆子小，不敢一个人睡觉。有一天晚上，小姨奶奶把我哄睡着了后就起床忙家务去了。我醒来发现小姨奶奶不在身边，就哇哇大哭起来。小姨奶奶立刻跑进房间，把我抱在怀里哄着，直到我发困了才轻轻放下来。

一次我感冒了，小姨奶奶带我去医院挂水。我一看见针头非常害怕，小姨奶奶忙说："别怕，打针就跟蚊子咬似的，一点都不疼。"

听了小姨奶奶的话，我勇敢地伸出了小手。挂水过程中，小姨奶奶一直守在我身边，一会儿喂水，一会儿擦汗，一会儿问我难不难受，在小姨奶奶的安抚下，我感到病痛减轻了许多。

现在，小姨奶奶虽然离开我家了，但我对她的感激一点都没减少，每隔一段时间，我总要去看望她，而她做了好吃的东西，也总会给我留一份。

（2）婆婆

在家里，我最敬畏的人要数婆婆了。

婆婆当过语文老师，对我的要求有时比爸爸妈妈还要严格。小时候，我还不怎么会讲话，婆婆就开始教我古诗词了。电视里只要有关于古诗词方面的节目，婆婆就放给我看。在婆婆的引导下，我对古诗词渐渐有了兴趣，上小学一年级时，我已经会背100首古诗词了。

进入小学后，婆婆对我管得更严了。每次做家庭作业，婆婆总要坐在我身边，一边督促我认真作业，一边纠正我握笔和坐的姿势。只要听说学校要考试，必定催促我好好复习。记得一年级考试，我得了96分。拿到试卷，我以为婆婆一定很满意。谁知她接过试卷一看，立马生气了，指着试卷对我说："你看看，这么简单的题目都做错了，还不赶快把错的原因找出来！"

我当时很不高兴，觉得婆婆要求太高了。可是静下来一想，婆婆说得有道理，那几道题目不是不会做，而是粗心看错了数字。以后每次考试，婆婆总是反复叮嘱我，要认真审题，认真计算，认真检查。有这样一位严厉的婆婆管着，我对学习充满了信心。

（3）外公

外公是个老兵。去年，居委会还给我们家送了一块"光荣之家"的牌子。只要看到门楣上金光闪闪的牌子，我就感到十分骄傲。

外公在部队当过司务长，能烧一手好菜。因此我们家的烧饭任务，就由他承担下来。

外公对我的爱，体现在他烧的饭菜上。我们家餐桌上的菜，总是摆得满满的，非常丰盛，每天都像过节似的。当我做作业辛苦了或是考试前后，外公会买来野生鲫鱼烧汤给我喝，说要给我补身体。

我的学习是由外婆负责的，当我做错了事遭到外婆责怪时，外公总会替我辩护。我喜爱画画，有一次，我在做数学作业时，忍不住在草稿纸上画起画来。婆婆发现后批评了我几句。外公听见了，连忙放下手中的活儿，跑到房间里说："你那么大声干什么？就不能让孩子玩一会儿？"我虽然贪玩，却也知道溺爱是不好的，就对外公说："这事不要你管，你忙你的去！"

外公愣了一下，只好回厨房烧饭去了。我以为外公再不会管我了，可是当外婆教训我时，他还是会过来护着我。有这样一位外公疼着爱着，我心里暖洋洋的。

（4）贾老师

都说老师是我们成长阶段中的第二个父母。确实，在我进入拉萨路小学学习的三年多时间里，贾老师给了我很大的帮助。

同学们都说贾老师严格。这可能是因为贾老师要求高的缘故。从一年级开始，贾老师就对我们进行作文训练了。一开始，贾老师叫我们用几个词连成一句话，后来教我们看图写文、写日记。这对我们刚进学校的孩子来说，确实有点难，所以难免有情绪。可是进入三年级后，当看到其他班同学才开始学习作文，而我们已经熟能生巧时，才感到贾老师的良苦用心。

我胆子小，不愿在大家面前讲话。可在贾老师的鼓励和训练下，我渐渐有了勇气。三年级学期结束时，贾老师让我代表三年级全体学生在闭幕式上做一次演讲。听说要在那么多人面前演讲，我很紧张，也很激动。爸爸妈妈很重视这件事，不断鼓励我，并帮助我准备了稿子。正式演讲前，当我看到贾老师信任的目光，立刻鼓足了勇气，落落大方地完成了任务。

贾老师很重视古诗词教学，从一年级开始，每星期都要布置一首古诗让我们背。日积月累，现在我能背三百多首诗了。腹有诗书气自华。有这么多诗词的积累，我的作文水平有了很大提高，这些都是贾老师精心教育的成果。

2019 年 11 月 23 日—28 日

外婆点评：孩子，你把我们描绘得很像呢：小姨奶奶的疼爱，外公的宠爱，贾老师的关爱，婆婆正言厉色的爱，都刻画得淋漓尽致，也在你小小的心灵里留下了深刻印象。孩子，你给我提了个醒呢。我脾气确实有点急，今后一定注意！

致海伦·凯勒的一封信

亲爱的海伦·凯勒：

　　您好！读了您的书《假如给我三天光明》，我渐渐从一个羞涩的小姑娘变成了一个开朗的女孩。我在你的书里学到了坚强，懂得了关爱。在一个聋哑人、一个盲人的世界里，是您为他们点亮一盏灯。您的老师名叫安妮·莎莉文，在莎莉文老师到来之前，您是一个心智未开、任性的、被宠坏了的孩子。在莎莉文老师的教导下，您成了一个知书达理、富有爱心的人。您在书里想象了三天光明的时间想做的事：想看亲人的模样，看达·芬奇、拉斐尔的作品，看早晨的日出和莎士比亚的戏剧……

　　我被您想象的场景感动了，震撼了。这些场景我平常都能看到，但几乎都忽视了。婴儿的脸、田里耕作的马、宠物小狗，这些随处可见的事物都从我的眼睛里溜走了。于是我合上书认真思考起来。如果我是您，我该怎样度过拥有光明的三天时间呢？

第一天，我想去看看塞纳河边上的卢浮宫，站在蒙娜丽莎画像前注视着她神秘的微笑。我想一边听希腊神话，一边欣赏断臂维纳斯和胜利女神。我还想去台北故宫博物院看看那棵翠玉大白菜和那块香喷喷的东坡肉。第二天，我只想亲近大自然。我读过俄罗斯作家普里什文的一本著作——《林中水滴》，里面描述了森林的四季。我要把手伸到小溪里，让溪水划过我的手指。我要看高高的白桦树，看草地上的蘑菇。如果走累了，我就坐在白桦树下乘凉，感受凉风吹在我脸上。从森林里出来后，我还要去看看奶奶的菜园子，那火红的西红柿、胖乎乎的冬瓜和白白的萝卜。我想看看爷爷是怎么把蔬菜烹饪成美味佳肴。第三天，我只想放下前两天的热闹，走进图书馆尽情地在书海里遨游。我想看冰心奶奶写的《小橘灯》，看看中国的四大名著、各种诗词和有趣的神话故事。我要让书本里的知识深深印在我的心里。第三天的傍晚，我要看看落日的余晖，因为过了这一天，我将不再拥有光明。在这最后一丁点儿时间里，我要紧紧地抱着爸爸妈妈，好好地看看他们的脸，好让我在后面的黑暗里不会忘记他们的样子。

　　海伦，这便是我读了您的书以后想跟您说的话。希望我以后也能像您一样，做一个有才华、有爱心的女孩。

笪雨竺

2019 年 11 月 20 日

朱爷爷点评：条理清晰，层次分明；语言流畅，想象丰富。小作者对知识的渴望、对大自然的热爱、对亲情的珍视，溢于言表。结尾如果能从"我"可以幸运地正常拥有光明这一自己的视角，写上几句，主题会有所升华。

安慰

暑假开始了，这是我盼望已久的日子。

可是今年暑假，我却一点都不轻松。刚进入六月，爸爸妈妈就迫不及待地为我报起了补习班，英语、奥数、书法、美术、网球等，总之，只要是认为重要的都报了，学习压力一点不比平时上课小。我正想同爸爸妈妈理论一番时，两个弟弟从温哥华回来了。我很高兴，有弟弟做借口，我可以向爸妈提要求了。

谁知，我还没开口，却听说他们是回来报读幼小衔接班的，大弟弟已经7周岁，暑假后就要读小学了。爸爸有了教育我的理由，立刻对我说："弟弟那么小都要学习，你是姐姐，更要做好榜样哦！"

哎，人家理由那么充分，我还能说啥？算了，能给弟弟们做个榜样也不错，爷爷奶奶一直夸我聪明、勤奋、学习成绩好，我可不能为了贪玩而坏了名声。

一天，我到爷爷家吃饭，刚走到家门口，就听见里头传来一阵揪心的哭声。我推开门一看，原来是小弟弟在哭。我急忙走过去，抚摸着他的头问道："弟弟，怎么啦？补习班结束了，你应该高兴才是。"

弟弟哭着说："哥哥得了个小汽车，我没有。"

我问大弟弟怎么回事。大弟弟得意扬扬地说："因为我考了第一名，而他不及格！"

原来是这样。我随即对小弟弟说："弟弟，你还小，考得不好没关系，等你像哥哥那么大，一定很棒的。"

小弟弟连忙问："那我也能考一百分吗？"

我说："能，肯定能！"

小弟弟一听，咧开嘴巴笑了。

婶婶见小弟不哭了，笑着夸奖道："哎呀，还是姐姐有办法，会安慰人，浩浩、豆豆，你们要向姐姐学习哦。"

我悄悄地笑了。他们不知道，我在安慰弟弟的同时，也在安慰着自己，小弟弟才 4 岁，就开始学文化知识，我都读四年级了，怎么能尽想着玩呢？

2019 年 12 月 17 日

朱爷爷点评：清纯流畅的文字，简洁地提出了一个值得成人认真思考的问题，孩子们应当怎样度过自己的暑假？乖巧懂事的宝贝，有时候，放开身心，玩吧，玩出滋润一生的童年记忆。

等待疫情过去

过年本该是合家团圆、万家庆贺的日子，可是今年的春节，却因为一场突如其来的病毒，导致全中国人民都待在家里。

早在放寒假之前，妈妈就有了安排：先上一个星期的补习班，再去北京游玩，并且把去北京的车票和酒店都预订好了。

正当我高高兴兴地上完补习班，等待着大年初二全家出行时，突然听到武汉封城的消息，新冠肺炎疫情已在武汉疯狂蔓延。爸爸觉得情况严重，便取消了北京之行。我一听非常着急，我们已经商定好，到了北京要去游故宫、登长城，看天安门的升旗仪式呢，现在好了，因为这该死的冠状病毒，白白欢喜一场！

妈妈说，北京去不成，我们还可以看看南京的景点啊。谁知没几天，南京也发出通知：关闭所有的景点和娱乐场所，并且还不能聚集、走亲戚、到饭店吃饭，唯一能做的就是待在家里。妈妈说，这是为了防止病毒传播，是为了咱们的健康啊。我没话说了，如果为了玩而染上病毒，那才不值得呢！

过了一两天后，我又有点不耐烦了，天天在家里看书做作业，面对的就是家里的几个人，真没意思！妈妈见我情绪不高，就带我到五台山体育场散步。我忙穿上羽绒衫，戴上口罩。可是跑到那儿一看，体育场也关闭了！

昨天，爸爸去超市买菜，发现很多食品货架都空荡荡的。营业员告诉爸爸，由于蔬菜水果的运输通道受到一些影响，暂时不能满足大家的要求。见爸爸空着两手回来，我好担心，如果吃不上蔬菜怎么办？妈妈笑道："不用紧张，奶奶不是有个菜园子吗？我们可以到奶奶那儿去拿啊。"

自从发生疫情后，我也像爸爸妈妈那样，特别爱看电视新闻。当我看到新闻上每天报道的疫情变化，看到解放军和各地的医护人员纷纷支援武汉，很多企业和个人给疫区捐款捐物，就非常感动，紧张的情绪放松了许多。昨天看了防疫讲座，我更加懂得，家里最安全，待在家里就能避免感染病毒，就能尽快打赢抗击病毒这一仗。于是我渐渐平静下来，我相信，在全国人民的努力下，疫情肯定会被控制的，等病毒全部消灭了，我们再出去旅游、逛街、走亲访友。

写于 2020 年春节期间

外婆点评：因为疫情，早已定好的旅游计划泡了汤，是挺让人郁闷的。好在孩子调节能力比较强，从得知春节安排的欣喜，到取消计划的失望，到暂时关闭一些娱乐场所的担心，再到全国人民共同抗击新冠病毒的振奋，孩子在这场灾难中得到了成长，挺好！

当疫情发生的时候

"你在哪儿？"

"我在家。"

"你在哪儿？"

"我在家！"

相信这个春节，很多人的回答都是在家。家成了我们最后的堡垒，也是我们抗击病毒的前沿阵地。

这个病毒的感染和后来的武汉封城，虽然让我感到恐慌，但看到全国各地的医疗队纷纷援助武汉，帮助他们解决缺乏医护人员、缺乏各种物资的问题；看到许多人在为武汉捐款的时候，我就再也不怕了。尤其是看到10天建成火神山医院、12天建成雷神山医院的时候，我就觉得祖国人民在困难面前是多么团结、多么坚强。

为防止病毒传播，电视里经常宣传防疫知识，告诉我们家是安全的港湾，没事尽量不要外出，出去要戴好口罩，回到家要勤洗手，家里要经常开窗通风，戴后的口罩要消毒，等等。

现在，我和爸爸妈妈外公外婆一直待在家里，我正好利用这个机会完成寒假作业，练习书法和钢琴，爸爸妈妈就看看书和电视，一家人整天在一起，也蛮有意思的。

因为疫情，开学的日期推迟了，但是学校已安排了丰富的网上课堂，有序地安排我们的学习。我相信，一切都会好起来的。

2020 年 2 月

外婆点评：当疫情发生的时候，孩子在经历短暂的惊慌后，能够同大人一起正视疫情，学习各种防疫知识，且不忘完成寒假作业，自觉练习书法和钢琴，灵感来了再写一些小文章，学习一点都没丢呢，感动！

我的小乐园

　　我的房间就是我的小乐园。它分为学习区、游乐区和休息区。三个小区陈列着我获得的各种奖状，我喜爱的书籍，我的玩具和文具。在我伤心、烦恼和快乐的时候，小乐园里的这些宝贝，就会展现出神奇的魔力，给我快乐和启迪。

　　我的小乐园，不仅是我学习、娱乐和休息的地方，还是我反思的场所。一次，我看电视忘了做作业，爸爸知道后生气地对我说："你一天到晚只知道看电视和手机，还不赶紧写作业去！"我非常生气，心想：你不也喜欢看电视吗？你看电视的时间比谁都多！于是我气鼓鼓地躲进了自己的房间里，决定再也不理爸爸了。

　　可是，当我看到自己对照图纸组拼的各种乐高玩具，看到自己付出努力获得的各种奖状和奖杯，心情便好了许多。这些玩具和图书，都是爸爸给我买来的啊！爸爸对我严格是怕我贪玩耽误了学习，我怎么能生爸爸的气呢？想到这里我立刻推开房门，走到爸爸身边轻轻地说："爸爸，我爱你！"

瞧，我的小乐园是不是很神奇呢？同学们，你们如果有兴趣，就来参观参观吧。

2020 年 2 月 16 日

栀子花点评：小乐园承载了作者的喜怒哀乐，陪伴着作者成长，而且还是一个有故事的小乐园。真是一个神奇而令人神往的小乐园啊！

给武汉小朋友的一封信

武汉的小朋友们：

你们好！

不知道这段时间你们是怎么度过的？为了控制疫情的蔓延，你们那里一月二十三号就封城了。听到这个消息，我还替你们难过了好几天。谁知从正月初三开始，我们这里也实行封闭式管理了，我们也和你们一样整天待在家里。

我们是二月十号开学的，但不是到校上课，是在家里上网课。每天早上九点钟，我们就端坐在写字台前，打开 APP 听老师讲课，完成老师布置的作业。这个星期一，我们还举行了升旗仪式呢，我们像在学校里那样穿着校服，戴着红领巾。当嘹亮的国歌响起时，我们庄严地举起右手，向视频中的国旗敬队礼、唱国歌。远方的朋友，你们是不是跟我们一样，也在家里参加了升旗仪式？

一想到病毒离你们那么近，也许你的家人有不幸感染的，有隔离观察的，有因为这个病毒而离开的，或者自己正在和病毒作斗争，我就十分难过。

现在，我已养成了看新闻的习惯，因为看新闻可以及时了解你们那里的情况。当我从电视中看到各省份都派出了医疗队援助你们的场景；看到10天建成火神山医院、12天建成雷神山医院的消息；看到医生护士为了抢救病人一个多月没有回家的动人事迹；看到病人一天天减少，治好的病人一天天增多的喜讯，我就特别感动和自豪。我相信，在全国人民的努力下，我们一定能渡过难关、战胜病魔，到那个时候，我们的国家肯定会更加繁荣、更加坚强。

在这封信快写好的时候，爸爸高兴地告诉我，今天，你们那里感染人数又减少了很多。这真是个好消息，我似乎已经看到，你们又能背起书包愉快地上学校了！让我们举起手来，为武汉加油，为中国加油吧！

最后祝你们：身体健康、学习进步！

笪雨竺

南京市拉萨路小学四（1）班

2020 年 2 月 20 日

外婆点评：孩子爱心满满，在家上网课的日子，还想着武汉的小朋友。告诉他们自己的学习情况，重点介绍了举行升旗仪式时的认真态度，然后笔锋一转，坚信在全国人民的努力下，定能够渡过难关，战胜病魔。相信武汉的孩子看到这封信，一定会信心大增的，赞！

闷得住的小达人

自大年初一以来，我已在家里禁足一个多月。每天重复着相同的事情，见到的也是相同的面孔，感觉特别无聊。往年这个时候，我们早已去踏春、赏景、拥抱大自然了。今年这个春天，唉！

我信步来到窗前，哇，几天不见，楼下的小花园春意浓浓，草地变绿了，树木也变绿了。墨绿色的树丛中，迎春花露出粉白粉白的笑脸，几只不知名的鸟儿，在树枝间蹦蹦跳跳。隔着玻璃，我似乎已闻到春天的气息。

前几天，南京的一些景点已陆续开放。我立刻央求爸爸，去中山陵看梅花。

星期一那天，我们特意起了个早，戴上口罩和护目镜，全副武装地来到中山陵。测量过体温，我便像燕子一般飞进梅园，在姹紫嫣红中品味"梅须逊雪三分白，雪却输梅一段香"的奇妙，想象"江南几度梅花发，人在天涯鬓已斑"的感叹，赞赏"不经一番寒彻骨，怎得梅花扑鼻香"的坚毅，感悟"待到山花烂漫时，她在丛中笑"的浪漫，心情便像这满坡的梅花，灿烂无比。

回到家，我又听到一个好消息，我国疫情已出现向好的态势，很多省市确诊人数已实现零增长，这说明，我们即将走过寒冬，迎来生命的春天。

2020 年 2 月 29 日

外婆点评："闷得住的小达人"，倘若不是闷在家里，也许楼下的风景你不会如此在意；倘若不是因为闷得太久，也许中山陵的风景你不会如此入迷。倘若不是疫情影响，也许赏梅时你不会有如此多的联想和感叹。婆婆小时候就听人说过，"熟背唐诗三百首，不会作诗也会吟"。你能在习作中巧妙地引用名人诗词，是得益于你的知识积累，祝贺啊！

多功能皮包

"哦，终于到家了，累死我了！"

每一次和妈妈出去购物，我总会发出这样的感叹。比如此刻，我和妈妈的手上，拎着大大小小的纸袋和塑料袋。沉重的负担，累得我们汗流浃背、狼狈不堪。于是我特别想发明一个包，用它来为我们服务。

这个包和普通的包没什么两样，只是上面多了几个按钮。其中一个按钮是翅膀图案，只要按下这个按钮，包的两侧会长出一对翅膀，再出去购物时，装满货物的包会张开翅膀，跟在你后面慢慢地飞翔。

这个包不仅能解决购物的问题，还能当交通工具呢！因为包的另外一侧，还有三个神奇的按钮，分别画着白云、海浪和陆地。如果你想出去旅游，只要按一下画着白云的按钮，皮包就会变大、变大、再变大，最后变成一架飞机。当然，这架飞机的外表更像一个大皮包，人坐进去后可以自动驾驶，自动降落。皮包飞机以恒星散发出来的热量为燃料，随时接收随时发电，特别环保。如果你想观赏海上风光，就按一下有海浪的按钮，皮包就变身为一艘游艇，带着你乘风破浪、遨游海洋。如果你想游览园林风光，陆地按钮就该大显身手了。你只要按一下陆地按钮，一辆汽车立刻出现在你面前，载着你游山玩水，饱览祖国的大好河山。

怎么样小朋友？这个皮包是不是很有趣啊？不仅解决了购物时的烦恼，还能方便旅游节省开支呢，等我发明出来了后，你们一定要来体验哦。

2020 年 3 月 4 日

外婆点评：能飞翔、能航行、能在道路上行走，还能变大变小，孩子，你设计的多功能包，简直太神奇了！当然，要把设想变成现实，还有很多路要走呢，孩子，加油！

遇见冰心奶奶

敬爱的冰心奶奶，您原来名叫谢婉莹，"冰心"这个名字取自王昌龄的著名诗句"一片冰心在玉壶"。

我家的书柜里有一套您的书，居家的日子里我每天都读。读着读着，我走进了您的内心世界。在《冬儿姑娘》一文里，我看到冬儿爸爸离家出走后，妈妈每天起早贪黑辛勤劳作，换取微薄的工钱把冬儿拉扯大；在《小橘灯》里，我看到八九岁的王春林，因为爸爸被抓去当了劳工，妈妈又生了病，所以小小年纪就挑起了家庭的重担。这两篇文章，一篇写的是伟大的母爱，一篇写的是女儿对母亲的孝敬。看了您的文字，我非常感动。都说文如其人，我想，能写出这样文字的人，一定也是位善良、有爱心的人。因此，您的这些饱含着满满的爱的诗歌和散文，就成了我心情杂乱时最好的慰藉。

记得我的同学梅一凡曾养过两只鹦鹉，一只有着蓝色羽毛，另一只则是黄绿相间的。梅一凡把鸟笼挂在了小区的树枝上。一天，一个顽皮的孩子用几颗石子砸死了其中的一只鸟。另一只鸟很伤心，好几天不吃不喝。梅一凡也很难过，于是他就把另一只鸟给放生了。可是他还是每天往鸟笼里放一些鸟食，他想着如果那只鸟在外面没找到吃的，还可以回来吃这些鸟食。这让我想到了冰心的一篇文章——《一只小鸟》。因为有些孩子妄想把小鸟的歌声带回家，就用石子把小鸟打了下来，可没想到，把鸟儿给打死了。我国野生动物保护法，就是要给这些小动物一个自然的美好的家园。

冰心奶奶，通过您的文章遇见了您，我要谢谢您教会了我去爱、去感恩以及面对困难时的勇敢。

2020 年 3 月 15 日

外婆点评：因为疫情，认识了冰心奶奶。因为阅读了《冬儿姑娘》《小橘灯》《一只小鸟》，知道冰心奶奶是一位善良有爱心的人。再写梅一凡同学对小鹦鹉的疼爱，自然而然地引出了野生动物保护法。最后写自己通过阅读学会了爱和感恩，以及面对困难时的勇敢。孩子，你不仅喜欢阅读，而且善于阅读，善于用别人的智慧充实自己，好样的！

给贾老师的建议

敬爱的贾老师：

您好！

看了您批改作业的烦恼后，我非常心疼您，很想帮您解决您所面临的难题。于是我调集所有的脑细胞，经过紧张思考，终于想到了一个好主意。

您的第一个烦恼是在语文作业上交的过程中，常常会有数学或英语作业混杂进来，导致您不停地在各种作业中翻找和筛选，这样不仅浪费时间和精力，而且还很伤眼睛。为了避免这一情况的发生，我建议您建立一个单独的语文作业群，这样再布置作业时，您的群里就只有语文一种作业了。

第二，针对有些同学作业不符合要求，导致您要不停地提醒、不停地督促的情况，建议把我们班分成几个小组，每个小组选一名同学担任组长。组长可以固定专人，也可以轮流当，这样还可以锻炼同学们的组织能力。您再布置作业时，小组长就可以行使职权，把作业的要求和格式交代给组员，提醒和催促组员及时完成作业并提交。组长对组员上交的作业进行初审，格式不符合要求的退回去修改，再汇总交给您。这样您就能腾出时间来备课批改作业了。

第三，订正的任务也完全可以交给组长。贾老师，您只需要把订正的要求告诉组长就可以了。组长把意见反馈给组员，并在规定时间里督促组员进行修改并上交。

贾老师，这些组长就像您的课代表，还像交通员，帮助您传递信息和要求，能节省您一些时间，能让您的眼睛得到一些休息和保养。希望我这个分组的方法能帮助您解决批改作业的烦恼。

此致

敬礼！

笪雨竺

2020 年 3 月 22 日

外婆点评：孩子，这封信既写出了你对老师的关心，又写出了你为减轻老师负担而作出的思考和努力。虽然你的想法不太成熟，但你的这份心一定会感动老师的。

用向往春天的心居家

因为疫情，从大年初一开始，我就宅在家里，每天重复着相同的事情，见到的也是相同的面孔，感觉有些无聊。今年这个春天，唉！

带着些许失落，我信步来到窗前。哇，几天不见，楼下的小花园春意浓浓，草地变绿了，树木也变绿了。墨绿色的树丛中，迎春花露出粉白粉白的笑脸，几只不知名的鸟儿，在树枝间蹦蹦跳跳，我的心顿时明媚起来。于是我每天都要到窗前站一会儿，看看花草，听听鸟鸣。

前几天，在电视里看到南京中山陵的梅花已经陆续绽放了。妈妈说，这个季节武汉大学的樱花也将挂上枝头。这是花的时令到了，梅花和樱花一江之隔，各自芬芳着。我见过鸡鸣寺的樱花，一阵风吹过，如果你正巧站在樱花树下，瞬间就会有很多花瓣落在你的头上和肩上，仿佛下起了樱花雨。可是我还没有去过武汉。

我想武汉的樱花应该和南京的樱花一样美丽动人。我有些心痒痒，于是提议爸爸妈妈一起来个应景的游戏——"飞花令"。我起头："梅须逊雪三分白，雪却输梅一段香。"在客厅里踱着步的妈妈立刻接上"江南几度梅花发，人在天涯鬓已斑"。"不经一番寒彻骨，怎得梅花扑鼻香"，外婆从房间里边说边走出来。爸爸说："我来一个樱花的诗句吧，'小园新种红樱树，闲绕花行便当游'。"我赶紧动起脑筋，有了！我大声吟诵出来："待到山花烂漫时，她在丛中笑。"

"这个好！"爸爸、妈妈和外婆都给我点赞。此刻，在我家的客厅里，正讲述着关于花、关于春天的话题。我的心情便像这或近或远处的花儿，灿烂无比。

虽然待在家里，待在家里也能看见春天。

指导老师：贾卉；2020 年 3 月 4 日

外婆点评：这篇习作，从题目到内容，都挺有诗意的。尤其是一家人的应景游戏——飞花令，更是让人觉得，"虽然待在家里，也能看见春天"，好有诗情，好有画意啊！

线上课堂也精彩

一场突如其来的疫情，打破了我们的生活节奏，迫使我们不得不老老实实地待在家里。

眼看开学的日子快到了，可是病魔还没有消灭，学校还处于封闭状态，这课怎么上呢？正当我胡乱猜测的时候，学校来了通知，要求我们在家线上学习。

在家也能上课？我不由得好奇起来。爸爸笑道："这有啥好奇怪的？网上授课、网上考试、网上招工，早已不是新鲜事了，你可不能掉队哦！"言罢，爸爸帮我配备了一部专门用于上课的手机，并手把手地教我使用。在爸爸的帮助下，我很快就熟悉了网上课堂的操作程序。

开学没几天，学校要举行线上升旗仪式，这对我们学生来说，可是件大事呢！那天，我特意起了个早，请妈妈帮我梳了个漂亮的发辫，穿上头天晚上准备好的校服，系上鲜艳的红领巾，还翻出了一双新皮鞋。婆婆笑道："又不在学校里，谁看得到啊？"我说："升国旗是对学生进行的一次政治思想教育，怎么能因为在家里就不重视呢？"

我原以为，线上课堂肯定只上语数英等主要学科。谁知进入网上课堂一看，音体美所有课程一课不落，且动静结合穿插进行，学起来很轻松、很愉快。授课教师也不局限我们学校，这不但让我们见识了许多名师的教学风采，也激起了我们的学习兴趣。另外，线上课堂还有个好处是不受时间限制，可以随时收看。如果有不懂的地方，可以重复收看，方便得很。

习惯了线上学习后，我给自己列了个作息时间：每天早上八点起床，九点钟登录网上课堂，午饭后在楼下的花园里活动半小时，下午完成老师布置的各项作业，晚上练练钢琴和书法，一天的时间很快就过去了。

有了网上课堂，我的功课一点都没有落下，生活也过得很充实，但在家宅久了，自然要怀念校园，怀念老师，怀念朝夕相处的同学们，幸好疫情已经控制住，回归校园的日子快到了，我想，经历这个不平常的"长假"，我们一定会更珍惜学习时光的。

指导老师：贾卉；发表于 2020 年 5 月 12 日《农村孩子报》

外婆点评：这可是一篇"科普"文呢，想必不知"网课"为何物的读者，看了此文应该明白。病毒虽然凶猛，但在高科技的今天，如何阻挡得住孩子们的求知欲望？四年的小学教育，孩子已懂得规范自己的行为、懂得学习的重要，且学会了合理安排作息时间的本领。倒是我这个长辈，以为在家里，衣着上就可以随便一点，惭愧。

倾听《地球的故事》

为了揭开地球神秘的面纱，千百年来人类从未停止过探索的步伐。这一次我们读《地球的故事》，换了一种新的方式，用朗读和倾听来感受神秘的地球，解开地球的谜团。

按照学号排序，我正好排到了"中国"这一章，可以介绍祖国的历史和风土人情。我兴奋不已，精心准备了一段精彩的朗诵。伴随着优美的音乐，我给大家介绍了汉口、上海、杭州还有南京，介绍了我们的祖先在黄土地上耕种粮食。我读的时候虽然一开始有些结巴，可很快我就掌握了这篇文章应有的节奏，将文章流畅地读了下来。

倾听别人的朗诵是一种享受。同学中，我最喜欢叶昱萱的朗读。几声婉转的鸟鸣后，叶昱萱用柔美的声音，为我们打开了通往美洲的大门。我仿佛乘着热气球，看到了密西西比河和俄亥俄河。当叶昱萱读到中美洲盛产咖啡、香蕉的时候，我仿佛闻到了咖啡略带苦味的香气。真可谓身临其境!

一打开梅一凡的音频,还没有听到他的声音,背景音乐就气势磅礴地呼应了他朗诵的篇章——英国,盛极一时的"日不落帝国"。梅一凡的朗诵虽说有些地方口齿不是太清楚,可是他胜在气势夺人。那种激情让人越听越兴奋,越听越感受到英国灿烂辉煌的历史。

朗诵和倾听《地球的故事》让我对这本书产生了更浓厚的兴趣。地球是我们美丽的家园,我们要和平友爱地生活在这里,并且永远守护着它。

2020 年 4 月

外婆点评:从倾听《地球的故事》,到感受倾听的美好,作者以自己的体会告诉我们,倾听是一种尊重、一种学习和一种支持。通过倾听,可以更好地理解别人的想法和感受,建立更好的人际关系。

想象中的一次探险

今年假期，我和弟弟跟着一位探险家，准备去一个神秘的水下洞穴探险。出发前，细心的探险家将潜水服、氧气瓶、药品、食物、水、绳索等物品塞进了我们的背包。为了防止野兽袭击，我和弟弟还带上了火把和火柴。忙了半天，我们终于出发了。

来到目的地，我们点起火把往山洞里一照，里面乌黑一片，只听到"哗哗"的水流声。我紧张地握着弟弟的手，故作镇定地说："别怕，姐姐保护你。"弟弟一边靠着我，一边颤抖着说："我才不怕呢！"我们跟着探险家小心翼翼地向前走，洞里除了火把的一丝光亮外，其他什么都看不见。我心里很疑惑：不是水下洞穴吗？水呢？正想着，探险家却让我们停下来。我仔细一瞧，眼前是一片地下湖，湖水很清，水面的波纹映在头顶的石壁上，显出了一片片流动的线条，像一个水墨画画盘。我们换好潜水服，将绳索钩在腰间的安全皮带上，便"扑通"一声跳下水。

来到水里，我们才发现水下有一个水晶洞，洞里有大大小小许多水晶。我和弟弟从未见过这般神奇的天然景象，激动得一会儿摸摸这里，一会儿又碰碰那里，完全忘了我们正在一个危机四伏的山洞里。探险家一直保持着谨慎的状态，不时用眼神和动作提醒我们："这是一个山洞，不是旅游景点，随时会有危险，不要瞎动！"这时，我们看到了一个与众不同的水晶，它是桃红色的，发出耀眼的光芒。我从书上得知，这个品种很珍贵，就想把它带走。可是，在我们费了九牛二虎之力就要拔出来的一瞬间，只听"轰隆隆"一声巨响。糟了，我们的鲁莽导致了山洞的坍塌！顿时，头顶上的石块纷纷掉落。我们一边拼命地向岸边游去，一边还要注意避开掉落的石头。突然，一块谁都没发现的大石头砸了下来，不偏不倚地砸在了我的腿上。我感到腿一阵剧痛，就跌坐到水里。探险家和弟弟赶紧用随身携带的绳子，将石头捆起来轻轻地拉开，我才死里逃生。

坐在岸边，我和弟弟大口大口地喘着粗气。探险家却没有休息，他用两根木棍夹住我的腿，再牢牢地缠上绷带，然后搀扶着我，一瘸一拐地出了洞。

什么？你们问我这个洞在哪儿？哈哈，这个洞在我脑子里，是我想象出来的。不过如果真有这么个洞穴，我倒真想去探探险。

同学点评：你的作文中出现了许多丰富的想象，语言通顺精彩。

我的动物朋友

　　奶奶喜欢养猫，最多时家里有五六只猫。不过，奶奶的猫大多是流浪猫，奶奶可怜它们，常喂一些饭食。猫们见奶奶心善，就"赖"着不走了。

　　一天，我们到奶奶家吃饭，刚到门口，奶奶就告诉我："猫咪生宝宝了，三个呢！"我高兴极了，立刻跑过去看。

　　"产房"里，猫妈妈舒展着身子，侧卧在自己的安乐窝里，三个毛茸茸的小家伙，在它的怀里一顶一顶地吃着奶呢。我不顾猫妈妈的反对，小心翼翼地捧起一个小家伙。哈，小不点儿的嘴上，长着长长的胡子，俨然七八十岁的老者。也许是责怪我不该妨碍它吃奶，小家伙一边扭着身子，一边"喵喵"地叫着，纤弱的声音，令人怜惜。我连忙将它放入猫妈妈怀里，并根据它们的毛色，给它们取名小白、小花和小黑。

　　再见小猫是一个星期后。当时，三只猫崽仍钻在猫妈妈的怀里吃奶呢。三姐妹中，小花的个头明显要大些，所以占据着吃奶的最佳位置，小白和小黑像是两个保镖似的，一左一右地护卫着它。这不是欺负弱小吗？我一把抓起小花，想给它们调个位置。谁知小花很生气，朝我发火，小眼睛也瞪得圆溜溜的，煞是可爱。

当我第三个星期去看它们时，小家伙已经会跑会跳了。我就拿小球逗它们玩。我把小球往地上一滚，每次抢到球的总是小花。等小花玩腻了，小白才有机会玩。而瘦弱的小黑，要等到两个姐姐都玩过了才能得到球。看到三个毛茸茸的小家伙活泼可爱的样子，我常常玩得忘记了时间。

自从生了孩子后，活泼爱动的猫妈妈变得安静了。每次去奶奶家，我都看到它守在孩子身边，眼睛一眨不眨地看着它的孩子们。只要小猫们"喵喵"地一叫，它马上就会跑过去，躺下给孩子们喂奶，浓浓的母爱，一点不比人类少。

2020 年 4 月 11 日

洪超点评：文章层次清晰，富有条理，通过三次看到小猫场景的对比，既细致描写了小猫的成长，又表达了绵绵的爱心。文章也通过细节生动形象地描写出了动物有趣的情态，兴趣盎然，富有生活气息。

防线

最近，地球上出现了一种新的病毒。这个病毒看起来像一顶漂亮的皇冠，实际上是一个坏蛋。这个坏蛋只要看到有人不戴口罩，或者到处闲逛、到处聚会、回来后又不洗手，就会钻进那个人的口鼻里，让那个人发烧、咳嗽，甚至要了那个人的性命。现在人们已找到了这个坏蛋的弱点，并采取一切方法防御它。

一天，这个坏蛋又出来祸害人了。它找啊找啊，突然看到一扇门紧紧地关闭着，便想看看里面有没有人。于是它"咚"的一声撞过去，谁知门没有撞开，自己却头破血流。它很生气，摸着流血的脑袋四处张望，看到有一条缝隙可以进入，就从门缝里钻进去了。可是还没来得及喘口气，只听得"嗤嗤"几声，一股又麻又辣的液体迎面扑来，呛得它眼泪鼻涕不停地往下流。原来，门的后面藏着一瓶酒精，这东西可是冠状病毒的克星呢！好不容易止住咳嗽，又一股气体喷了过来。这个坏蛋忍住剧痛一看，84

消毒液！妈呀，这地方不能待了，再待下去命就没了！

拖着满身伤痕，这个坏蛋灰溜溜地离开房子，来到了街上。街上空气流通，冠状病毒存活时间不长，因此这个坏蛋迫切地希望能找到藏身的地方。可是街上行人很少，而且都戴着口罩，把自己保护得严严实实的。这个坏蛋焦急地找来找去，直到咽下最后一口气，也没找到合适的目标。

2020 年 4 月 23 日

洪超点评：文章采用拟人化的手法，把病毒写得富有生命，通过生动活泼的语言，把病毒在社会上的遭遇淋漓尽致地表现出来。文章综合运用了动作描写、形象的拟声词，把描写对象写得活灵活现，富有生活情趣。

终于，我开学了

因为疫情，我们在家足足待了三个多月。

在家的日子，我们虽然像在学校一样，每天都按时上课、作业和体育锻炼，但离开校园久了，还是十分想念校园，想念含辛茹苦教育我们的老师，想念朝夕相处的同学，因此，听说五一节后中小学陆续开学的消息，心里非常高兴。

这天晚上，我躺在床上怎么也睡不着，脑子里像放电影似的，一会儿想到我们班的同学在这个假期里是不是长高了、长胖了；一会儿想到放寒假时校园里的花儿都谢了，现在有没有重新绽放；一会儿又想到学校池塘里的小鱼苗是不是变得更活泼、更可爱了。怀着好奇，五一节的中午，我来到了百步坡我们的学校。

我们的学校依然是干干净净、漂漂亮亮的。不同的是放学时原来一个班一个等待区，现在变成了两个班一个等待区。我们1班和7班在一个等待区。等待区的牌子挂在院墙上，牌子红底白字，十分醒目。牌子的右下方还有个温馨提示：请各位家长不要聚集，尽量与其他人保持距离。

从校门口往里看，有一个红色的帐篷，上面标着"体温检测通道"。帐篷里摆着桌子和椅子，还有一盒用来消毒的洗手液。帐篷左边还有一个红牌子，上面写着"体温复测区"，那也许是用来给体温不达标的同学再测一次的地方。看来，学校已为开学做了充分的准备。

目光朝里看，离校时光秃秃的树木已长出了嫩嫩的枝叶，枯黄的小草也从泥土里钻出了可爱的脑袋。看到校园一派生机盎然，我恨不能明天就到学校来上课！

2020 年 5 月 1 日

外婆点评：因为疫情，在家待了四个多月，终于可以到校上课了，能不开心吗？估计大多数同学都一样，激动得睡不着觉，脑子像放电影似的各种想象，甚至还提前到校探视。这些足以说明，小作者重返校园的愿望多么强烈！

妙趣横生

（1）食趣

民以食为天，今天我就来聊聊食趣。

刚放暑假，还没来得及放飞自我，妈妈就给我报了两个补习班，得知这一消息，我的好心情一下子跌落到了谷底。

大约是为了补偿我们，让我们开开心心去学习，补习第一天，爸爸就笑着宣布，学习期间要带我们吃遍南京市最好吃的面食。我们一听，心情立马阳光起来。面条和馄饨，可是我最爱吃的呢！

当天中午，爸爸就带我们品尝了兰州牛肉拉面。刚坐下，一位厨师就走进我们包间。他先是给我们看了一下他手里的面团，我还没明白他想干什么，小厨师就表演开了。他把面团在两只手中摔打了几下，接着就像拉丝一样拉扯起来。那团面就随着小厨师的拉扯慢慢地变长、变细，最后变成一把细如发丝的面条。神奇而娴熟的功夫，看得我们眼花缭乱，赞不绝口。

不一会儿，面条端上来了，用牛肉熬出来的高汤香味四溢，细如发丝的面条像一个害羞的小姑娘，躲藏在香菜、青葱和辣油等佐料的下面。我捞起面条一尝，哇，真好吃！

火锅面也是我印象深刻的一种面食。它的制作方法和牛肉拉面有点相似，也是当着客人的面进行操作，有表演和打广告的意思。那位厨师功夫更是了得，两只手一会儿拉抻，一会儿托举，一会儿像甩水袖，一会儿又像打太极拳。在炫目的挥舞中，面团变成了面条，在空中翻腾着、舞蹈着，在我们面前划出了一道道优美的弧线……

十二天的补习班，我们品尝了阳春面、奥灶面、重庆小面、意大利面等。毫不夸张，南京稍有点名气的面条，我们几乎吃了个遍。

今天我和爸爸聊起这些美食，还是觉得意犹未尽。爸爸却说，他最喜欢的还是小时候老家巷子里那家馄饨店的味道。我看着爸爸，忽然明白了些什么……

发表于 2020 年 9 月 23 日，复来作文网

（2）聊趣

聊天儿是一件很放松的事情，和家人朋友聊一聊，就能带来很多快乐，把烦恼和忧伤全部抛到脑后。"举杯邀明月，对影成三人"，李白一边饮酒，一边对着月亮自言自语，这种"聊"别有一番韵味，同时又有一种独得其乐的趣在其中。《问刘十九》中，白居易邀朋友雪天饮酒聊天儿，这也是乐趣。不过我认为段位最高的"聊趣"，便是刘备与诸葛亮的隆中对话了，他们在一起分析天下局势，定下"三分天下"的战略，是一种雄心勃勃的"趣"。

和不同的人聊天儿，感受到的快乐是不同的。我和妈妈聊天儿时，妈妈就像会读心术似的，不管我说什么她都秒懂。记得我们一起看过一个综艺节目，节目中有一句幽默的话，叫"按虎口，包治百病"。听到这儿，我们两个默契地去掐对方的虎口，并因此哈哈大笑。后来不管是妈妈身体不舒服，还是我遇到什么困难，我们都会说："来，我给你按按虎口吧！"爸爸在旁边听得一头雾水："你们到底在笑什么呀？"

和妈妈一起聊天儿是有共同话语的快乐，和好朋友们聊天儿又是另一种感受了。我的好朋友梅一凡很活泼，和他聊天儿总是笑声不断。他有趣的点子、俏皮的语气和夸张的表情，永远让人琢磨不透。在一次游泳回来的路上，他又模仿起前美国总统特朗普的口头禅"没有人比我更懂病毒，没有人比我更懂军事……"那不顾一切的高傲和夸张，学得真是太像了，让人仿佛觉得，特朗普就在面前一样。

我知道很多文人都喜欢把和朋友聊天儿的趣事记录下来，"只道当时是寻常"。确实，当时很琐碎、很平常的小事，经过时间的沉淀，便成了最温暖的记忆。

指导老师：贾卉；发表于2020年8月8日《大丰日报》

（3）读趣

我从小就喜爱读书，家里的书装了满满几个大书橱。我房间里也有两个书橱，毫不夸张地说，我家是一个"书香之家"。

上幼儿园时，每天最快乐的时光，就是晚上听妈妈讲故事。当我依偎在妈妈怀里听故事时，觉得是多么快乐啊！后来，渐渐识字的我，不再满足于听故事了，就自己阅读绘本和漫画。书就像是触动了我身上的一个开关，一个对未知世界充满兴趣的开关。从此，书店就成了我最爱去的一个地方。那里的书，既能让我看到古代，也能看到未来；既可以看到我的家乡，也能看到全世界。所以每一次去书店，我都要带回几本书。因为我想把这些未知的知识，都留在我的身边。

我不仅喜爱阅读，作家们的新书分享会我也很有兴趣。当作家对他们的新书进行讲解分析时，我有时会恍然大悟，在心里说一句："哦，原来是这样！"

我还参加了黄蓓佳老师的新书分享活动。参加活动前，我们先认真阅读了黄老师的新书《我要做个好孩子》，并做了很充分的准备。活动中，贾老师首先对这本书进行了详细的解读。我一听惊讶极了，贾老师竟然能在这本书中读出这么多我没有读到的细节和领悟到的道理，这本书经贾老师的解读，仿佛更加立体、更加有情趣了。

高尔基说过："书籍是人类进步的阶梯。"我的理解是，读过的书，就像藏在身体里的小精灵，它们能使你的容颜变清秀，使你的心灵变清澈，丰富你的知识，提升你的境界……

（4）友朋趣

人的一生中，会结交许多朋友。他们或许互相抬杠、互相捧场，或许相互关心、相互鼓舞，他们会陪着我们走过人生中的某一段。不过，像《高山流水》中的俞伯牙和锺子期这样的知心朋友还是不多的。不管俞伯牙弹什么样的曲子，锺子期都知道他在想什么。锺子期去世之后，俞伯牙就再也不弹了。因为他知道，没有人像锺子期一样和他心心相印。

俗话说得好，"不打不相识"。孙悟空大闹天宫的时候，得罪了许多神仙。但是，当唐僧取经遇到麻烦需要他们帮忙时，没有一个神仙拒绝孙悟空的请求。因为他们知道，悟空不是为了自己，而是为了保护师父，这种朋友之情，就上升到了正义的层面。

我和张悦恬一样，都是爱美的女生，在一起，我们有很多共同的话语。尤其是新冠肺炎肆虐的时候，因为不能出小区，我们就相约着到楼下的花园里玩。我们在花园里过家家、开舞会，把自己想象成童话里的公主，穿上漂亮的衣服，戴上漂亮的头饰，引得其他小朋友又羡慕、又新奇。后来，这些小朋友也加入了我们，跟我们一起做游戏。不知不觉，一天的时间就过去了。

和张悦恬在一起的时候，我们总是玩女孩子喜欢的游戏，大家文文静静的，像个淑女的样子。但是我的另一个朋友梅一凡，玩的项目就大不一样了。每次下楼，总要带着枪和剑，有时候几个男孩子一起玩捉坏蛋的游戏，有时骑着自行车相互追逐，欢乐的笑声把树上的小鸟都惊飞了。这个时候，我们几个女孩子就静静地看着他们表演，为他们鼓劲加油。有时候，梅一凡也会找我们一起玩。梅一凡活泼爱动点子多，常常讲一些好玩的话题，逗得我们哈哈大笑。居家的日子，因为朋友间的一些小游戏、小惊喜，而变得丰富多彩，十分有趣。

交一个好朋友，会让你受益无穷。四年的小学生活，我结识了很多的好朋友。我们在一起的时候无话不谈，遇到困难的时候相互帮助，有不懂的作业相互请教，谁取得了好的成绩就由衷地为他祝贺。生活在这样的一个集体里，我觉得非常愉快、非常幸福、非常有趣，这种纯洁美好的朋友情谊，我会永远铭记在心中。

（5）与"趣"同行

在我们的生活中，"趣"是无处不在的。只要稍加注意，就不难发现，"趣"就在我们身边，与我们如影随形。

我们每天都要说话。当你和一个品质高尚、知识渊博的人一起聊天儿的时候，就会从他的话语中得到教育和启迪、鼓舞和乐趣。

书籍是人类进步的阶梯。一本好书不仅能让人受益匪浅，还能从人物的行为和神态的描写里，领悟到作者隐藏的情趣、智慧以及对社会的看法。相信每个人都会在读书中找到自己想要的东西。

中国的美食文化由来已久。川菜、鲁菜、淮扬菜等，每一个地方都有自己的特色菜谱、特色风味。民以食为天。品味祖国的美食文化，是一件非常美好、非常有趣的事情，也是我们作为一个中国人特别自豪的事情。

"一个篱笆三个桩，一个好汉三个帮"，说的是团结友爱和相互帮助。交一个好的朋友，一生都会快乐。志趣相投的朋友，可以有难同当、有福同享，可以在你难受的时候劝解你，在你困难的时候帮助你，在你犯错的时候批评你。

我们的一生有很长的路要走。我们的一生也会与"趣"同行。只要我们珍惜家人，珍惜朋友，珍惜时间，珍惜我们拥有的一切，我们的日子就一定会快乐、有趣。

指导老师：贾卉；发表于 2023 年 9 月 2 日《大丰日报》

外婆点评：这组"趣"写于2020年暑假，是老师布置的假期作业。大约是因为教育教学的需要，作文颇有难度，孩子能完成吗？我有点担心。可是，当孩子将她写成的各种"趣"一篇篇发给我看时，我被惊艳到了。正如文友发出的感叹一样：这是你外孙女写的吗？

五篇"趣"写得都很有趣，字里行间无不显示作者驾驭语言的能力，作文主题明确、行文流畅、词语生动鲜活，读来如沐春风、心情愉悦。

因为是一组"趣"，我把它们归纳到一起，并取了个有趣的名字——《妙趣横生》。

我的婆婆真牛

俗话说，活到老学到老，这句话在我婆婆（南京人称外婆为婆婆）身上体现得淋漓尽致。

婆婆退休前，曾经当过语文老师，对我的教育十分重视。从幼儿园中班起，婆婆就让我背诵唐诗。那时我不识字，婆婆就一边念一边讲。慢慢地，我就能摇头晃脑地背起来了。小区的亭子里、秋千上，都留下了我们祖孙学习的痕迹。经过婆婆的熏陶，我对古诗有了极大的兴趣。读小学一年级时，老师带我们玩诗词飞花令，我总是胜券在握，因为婆婆已为我打下了 100 首古诗的基础。

有一个画面，一直在我的脑海里闪现，并时时激励着我。那是前年暑假在法国旅游的时候，每到一个景点都要坐几个小时的车。这时候，一车的人有的昏昏欲睡，有的谈谈笑笑，唯独婆婆一个人在手机上写写画画。我以为婆婆在跟人聊天儿，凑近一看，居然在手机上写游记。4个小时的车程，婆婆几乎没怎么休息。当我们到达目的地的时候，婆婆的游记已经写好了。在法国期间，婆婆利用乘车和休息的时间写了好几篇游记，有一篇名叫《塞纳河上的桥》的散文，还登上了中小学语文教材辅助读本。今年暑假期间，婆婆的脚不小心骨折，打了石膏躺在床上，可是婆婆仍然坚持读书写作。不能下床，婆婆就叫外公把书放在床头。卧床休息的一个月，婆婆在手机备忘录里写了14篇寓言、5篇小小说。现在，婆婆已发表文学作品800多篇，出版小说6部。

从小，婆婆就教我"谁知盘中餐，粒粒皆辛苦""谁言寸草心，报得三春晖"，我非常感谢有个懂得中国古汉语、古诗词的好婆婆。

海边漫点评：小作者通过三件事描写婆婆：教我学古诗词，旅游途中用空闲时间写作，卧病在床笔耕不辍。从三个不同的侧面，把一个步履不停、坚持学习的智慧婆婆刻画得栩栩如生。叙述的语言简洁，详略得当。

引用的两句古诗词，"谁知盘中餐，粒粒皆辛苦"是在生活习惯上，"谁言寸草心，报得三春晖"是在品德修养上，说明婆婆对我的教育，由外到内，用心良苦。

总分总的结构，使文章中心突出，主题鲜明。小作者在选材和布局上颇具匠心，值得肯定。

啊!

    "啊"是我们常用的一个语气词。

    当我们看到奇怪的事情,遇见美好的事物,都会情不自禁地说:"你怎么能这样啊?""原来是你啊!""啊,太好了!""啊,你真棒!"

    "啊"也能用来发泄,排解不好的心情。比如我吧,进入高年级后,坏情绪总是不时来访。用通俗的话说,是青春期叛逆的状态。可是有时连我都不知道,当时为什么要生气,为什么不能换位思考,为什么不能控制情绪?

    有一次,我们进行了单元测试。因为没怎么复习,到了检测的时候,感觉这些题目都很眼熟,但又不太确定,于是心里不免发慌。果不其然,批改好的试卷发到手上,我得了个"优减"。再看扣分的试题,心里急得"啊啊啊"大叫,这些题目都会做啊,当时怎么就想不起来?唉,真是昏头了!

平时放学，我和爸爸总是一路说笑着回家。但那天，我什么话也不想说。爸爸似乎觉察到什么，也一直沉默着。回到家，我仍然闷闷不乐，偏偏外婆上前问这儿问那儿。我知道外婆是好心，但就是不想搭理。外婆越发不放心，跟在后面连连追问："我跟你说话呢，你怎么不回答啊？遇到什么事情了吗？"

这时，我的坏情绪便像脱缰的野马，从身体里飞奔而出。我冲着外婆叫道："你烦不烦啊？我心情不好不想回答好吧？我想安安静静写作业可以吗？"

"你什么态度啊？你怎么跟外婆说话啊？"爸爸很不高兴，连用了两个"啊"来质问我。

唉，原本很简单的一件事，生生地被我搞成了"家庭矛盾"，外婆不开心，我也被爸爸批评得眼泪汪汪的。"啊"这个语气词，仿佛变成了跳梁小丑，在我面前吐着舌头、扮着鬼脸，好不气人！

从此，我留意起身边的人来，爸爸、妈妈、同学、老师、邻居等。通过观察我发现，他们如果遇到不开心的事，或者工作学习压力过大，都会出现情绪波动，有时甚至会发火、会骂人。因此，合理地控制和疏导自己的情绪，就变得尤为重要。

现在，我常常告诫自己，要学会和"啊"这个小鬼握手言和，遇到事儿不着急，尽量保持平和的心态，只有这样，我们才能活得轻松愉快、活得有滋有味。

2020 年 11 月 29 日

陈老师点评：小作者通过自己对语气词"啊"的认识、运用、感受、观察，生动细致地叙述了自己心理成长的一段历程。联系自己的实际作文，言之有物，更能促进心理成长，值得坚持和发扬！

做棉花糖的老爷爷

　　棉花糖，大家肯定都吃过，白如雪，蓬如云，模样都差不多。但在老门东，我却见到一个能做出各种各样棉花糖的老爷爷。

　　老爷爷没有固定的门面，大伞一撑，做糖的担子一摆，就是铺子了。我见到老爷爷时，他身边已围满了小孩子。只见老爷爷用一个小勺子将一些黄色、粉色的砂糖倒入机器，随后将细细的竹签不停地绕啊绕，手臂划出优美的弧线，好像不是在做棉花糖，而是在画水墨画。渐渐地，竹签上的棉花糖越来越饱满。老爷爷"啪"地关掉机器，把最后一点"蚕丝"卷干净，拿起一双筷子，这边扯扯，那边拉拉，不一会儿，一只黄灿灿、胖乎乎的小鸡就映入眼帘。我忍不住暗暗惊叫，哇！这老爷爷真棒，别人做糖都是用极为精细的工具，有时还要用到机器，可他却是筷子底下出奇迹啊，厉害，太厉害了！

　　拿到小黄鸡的孩子，高兴得蹦蹦跳跳。旁边一个小朋友说：

"老爷爷，你做棉花糖不穿围裙会把衣服弄脏的啊。"

老爷爷笑了笑，边搅糖边说："没事的，我做这个已经很久很久了，熟能生巧，绝对不会弄到衣服上。"

哦？绝对不会弄到身上？我倒要瞧瞧！接下来，我更加目不转睛地注视着老爷爷的每一个动作，从搅糖到成形，好几次我看见那糖丝要掉了，老爷爷一转一挑，那糖又粘了上去。正当我觉得找不出毛病时，却看到老爷爷肩上有一缕细细的白丝，那不是棉花糖是啥？哈哈，老爷爷没有那么神的！

正当我以为白丝要融化时，它却飘了起来。怪了，这棉花糖怎么飞了？我赶忙抓住它定睛一看，原来是柳絮，和棉花糖一模一样！我呆呆看着柳絮，老爷爷似乎也知道我的心思，冲着我笑了笑。

"高手藏民间"，这老爷爷真不简单。

李老师点评：语言功底不一般，表达生动流畅，人物形象描写得栩栩如生。

贴春联

"千门万户曈曈日，总把新桃换旧符"，说的是新年贴春联的事儿。

学习《元日》这首古诗时，老师告诉我们，春联是中国的一种独特的文学形式，它以工整、对偶、简洁、精巧的文字，抒发美好的愿望。每年春节前夕，家家户户都会贴上春联或年画，祈祷来年福禄双全、风调雨顺。当时我就想，等牛年到来的时候，一定要好好观察一下贴春联的事儿。

期盼中，牛年春节终于来了。腊月二十九，爸爸要去买过年的东西，我自告奋勇，要同爸爸一起去。在路上，我们经过了银行、学校、超市等很多店铺。这些单位，大多已贴上红红的春联。我一一看过去，发现他们贴的春联，大多与自己的工作有关。比如银行希望有人来存钱，就贴出"万福临门迎贵宾，金牛贺岁添吉祥"；学校希望学生好好学习，就贴出"心血培桃李，粉笔写春秋"；商店希望生意好做，就贴着"生意兴隆通四海，财源茂盛达三江"；理发店的春联最有趣："烫发推头除旧貌，吹风修面换新颜"。

回到家，我连忙拿出笔墨纸砚，准备自己动手写春联。写什么呢？我想到自己是学生，应该写与学习有关的内容，就写了颜真卿的一句诗："三更灯火五更鸡，正是男儿读书时"。可是，由于我第一次写毛笔字，怎么写都写不好，无奈之中，只得从妈妈带回来的春联中挑选。我先选了一对带有牛宝宝图案的春联，可惜太小了，贴在门上不好看。后来还是爸爸挑了副大小合适的春联，爸爸说："这副春联带有'竹'字，你又是花季少年，跟你很般配呢！"

午饭过后，爸爸就开始贴春联了。我负责拿双面胶和剪刀，还负责看春联贴得正不正。不一会儿，我们家就新桃换旧符。如果你想到我家来玩，只要看到大门上贴着"竹报平安步步高，花开如意年年好"的春联，那一准就是我们家啦！

2021 年 2 月 10 日

陈老师点评：学古诗，想春联，看春联，写春联，贴春联。小作者沉浸在中华优传统秀文化的氛围中，观察细致，思路缜密，叙述清晰。

124

假如穿越回东晋

　　王羲之是国人皆知的大书法家，他的《兰亭集序》被人们誉为"天下第一行书"。从小学四年级起，我就临摹《兰亭集序》了。可是尽管我非常努力，仍然写不出《兰亭集序》的神韵来，于是常常幻想，假如能穿越到东晋多好，这样我就能当面向王羲之先生请教了。

　　这天，我正临摹到《兰亭集序》中"曲觞流水"一词，忽然，"水"字在我的笔下漾开，成了一口深深的井，一股强力一下子把我吸了进去。眼前一片黑暗，我害怕极了，拼命地叫喊救命。忽然，眼前一片光亮，我竟然已经站在了一个热闹的集市上。这里的人绾着长发，穿着古代服装，而我也换上了一件粉色长裙，手里还拿着一支录音笔。

　　咦，这是哪个朝代？正纳闷儿着，突然有人边跑边喊："王羲之在讲习书法呢，快去看啊！"

啊，难道到了晋代？我忙拉住那个人问："大哥，您说的是书圣王羲之吗？"

"对，就是他！"

哇，太好啦，能亲耳聆听王羲之的教导，是多大的荣耀啊！我顾不得喘口气，忙跟着向前跑去。

这是个五十平方米左右的厅堂，里面挤满了人，一位仙风道骨的老者，手握一支毛笔，在纸上龙飞凤舞。我挤上前去一看，写的正是《兰亭集序》呢！只见那字，如龙跳天门、虎卧凤阙，比我临摹的字帖，还要遒美十分！

"王老师，王老师！"我迫不及待地喊道。

"小姑娘，你是何方人氏？"大约见我的发型和气质与其他人不太相同，王羲之放下笔，亲切地问道。

"王老师，我是南京人，从2021年穿越过来。"我强压住心头的兴奋，恭恭敬敬地说，"王老师，我非常崇拜您的书法，从去年秋天起，我就临摹您的字了。一本《兰亭集序》，不知临摹了多少遍，可是一点进步都没有。王老师，您能教教我吗？"

"这是什么？"王羲之见我按下了录音笔按钮，疑惑地问道。

"录音笔，可以录各种声音。王老师，我想把您的话录下来，带回去与同学们分享，我的很多同学，也是您的粉丝呢。"

"小姑娘，你从一千六百多年后的现代穿越而来，精神委实可嘉，我一定将我的书法经验毫不保留地传授给你。"说完，王羲之抓住我的手，一边教我如何握笔运笔，一边对我说："小姑娘，书法不是一朝一夕就能学成的，必须花大功夫、下大气力哦。我六岁就学习书法了，写了几十年，才有今天的成就。另外，不管学习谁的书法，要善于感悟字的灵魂，写出自己的风格，不要一味地模仿。"

"嗯，嗯。"我按照王老师的指点，一笔一画认真地写着。没想到，写出来的字，竟然也有了几分王羲之老师的笔风。我开心极了，忍不住捂着嘴偷偷笑了。

谁知，再睁眼我竟是又坐在了家里书桌旁了。是梦？不像呀，王羲之说的话我还清清楚楚记得！好吧，即使是梦，也是美梦呢！

指导老师：李剑；发表于 2021 年 1 月《小星星》

李老师点评：何其有幸！小作者大约是因为太爱王羲之书法才有了这样的美遇，真是让我羡慕不已。一趟穿越，想象力丰富，叙述条理清晰，有这个年龄的学生少有的思想深度，文采亦不俗。读完习作在莞尔一笑的同时受到的启发也是令人欣慰的。

那一刻，我长大了

有段时间，我一直渴望自己快快长大。因为长大了，父母就不再事事都要约束我了，我就可以做自己想做的事了。但是，当我经历了一次"管家婆"后，彻底颠覆了以前的想法。

那是三年级暑假，我冒出了一个大胆的想法，想当一个月的管家。晚饭时，我迫不及待地向家人宣布了自己的想法：这个月由我当家，你们把一个月花销交给我，我肯定能把咱们家打理得顺顺当当的。爸爸疑惑地说："你有这个能力？咱家一个月的开支有五千多元呢！"我说："你让我试试吧，不试怎么知道？"爸爸还有点犹豫，妈妈说："你就给孩子一个机会吧。"

"也好。"爸爸终于同意了，并立刻把5000元钱交到我手里。我把它们单独放在一个小包里，藏在爸爸妈妈想不到的地方。第二天早上，我特意起了个早，和爸爸一起去买菜。在菜市场，我跑前跑后，净挑我爱吃的菜买。逛商场时更是随心所欲，想买什么就买什么，花钱的感觉真是太爽了。

　　过了几天，妈妈突然问我："宝贝，一个月的开支，你有没有做个预算？""做了。"我立刻回答。其实什么是预算我都不知道，只是觉得那么厚厚一叠钱，做不做预算无所谓。

　　一天，爸爸说要买一个扫地机器人，让我给他 1000 元钱。可是我掏出钱包一看，呀，只剩下 100 元了！就是不买机器人，剩下的半个月也不够用啊。我耷拉着脑袋，将仅有的钞票递给了爸爸，爸爸笑着问我："咦，怎么只有 100 元呀，买机器人要 1000 元呢？"我难为情地说："只剩这么多了，我也不知道，钱怎么用得这么快？"爸爸摸着我的头说："看吧，叫你做个预算，你不听，每天大手大脚地花钱，怎么能不透支呢？记住，以后不管做什么都要有计划有打算，这样才能保证把事情做好。"我点点头，又问爸爸："那剩下的半个月，咱们怎么过啊？"爸爸从口袋里掏出一个钱包："幸好我早有准备，不然后半个月咱就得喝西北风了。"

　　经过这件事，我一下子长大了许多。我理解了爸爸妈妈的不容易，也明白了成长的真正含义。

李老师点评：人物对话在整个事件中写得生动、具体，既体现自己生活无规划又体现父亲的有计划，对比中，体会生活的不易。

雪韵

虽然姗姗来迟，但她还是来了。依稀记得昨晚的梦境有雪落的声音，清晨推开窗，竟是一片白茫茫！

难道是上帝被我感动了？自从看到弟弟们打雪仗、滚雪球的视频，我就一直祈祷着雪姑娘的光临。弟弟一家住在温哥华，雪是他们那儿常见的景色。而我们在南京，要想看一场大雪真的太难了。于是我顾不上吃早饭，就急匆匆地跑下楼。推开门的一刹那，竟分不清眼前是清晨还是夜晚，那一地的雪呀，月光似的白得晃眼。

放眼望去，草坪、树木、屋顶，都盖上了银白色的毯子。枝丫下的小冰柱，在晨光下闪着奇异的光。小区东侧的假山，俨然成了微缩版富士山，小巧玲珑，煞是可爱。假山下的小池塘，流动的池水被冻住了。冰面下，红红的锦鲤在水里自由自在地畅游，好一个趣味十足的冰雪世界。

小区的路已清扫干净，那是物业的功劳。每次下雪或是路面结冰，物业的叔叔阿姨们总是连夜清理路面、扫除障碍，好让我们放心行走。

突然想起那年大雪。雪花还在飞舞，身穿警服的民警、着橘红工作服的清洁工、戴着红袖套的志愿者及热心的市民们，挥舞着铁锹和扫帚，清理道路的积雪了。五颜六色的服饰，像盛开在银白世界里的一朵朵花，温暖着人们的心房。

"姐姐，小心！"

一声喊叫传入我的耳中，随即一个雪球落在我的脚下，原来是邻居姐弟跑过来了。我立刻加入他们的"战斗"，捧起一把雪朝他们扔过去。一只猫咪从草丛里蹿出来，喵喵喵地叫着，在雪地里印出一朵朵梅花。我们在雪地上跑啊、跳啊、笑啊，欢乐的笑声随着雪花四处飘荡。

指导老师：贾卉；发表于 2021 年 5 月《七彩语文》

贾老师点评：清晰的描写线索让文章如这飘扬的雪花清新美丽，眼前所见引发心中所想，带来别样的语言表达，结尾处的生机勃勃更令人心动。

晚霞即景

　　放学回到家，天色已近黄昏。我坐在落地窗前，望着太阳要落山的地方。快要落山的太阳，像个大红灯笼似的越发惊艳。渐渐地，太阳只剩下半个红彤彤的脸蛋儿了，我也等到了期待已久的美丽景色：晚霞。

　　转眼间，原本浅蓝色的天空，被太阳的余晖照得火红，好似有人在天边放了一把火，把周围的云彩烧成了红的、紫的、橘红的，那模样，真像是有人用画笔晕染出来一般。"哇，太美了，简直比白天还要美十分！"我忍不住感叹道。我目不转睛地盯着灿烂的晚霞，生怕错过一点点奇妙的变化。微风中，太阳一点儿一点儿地往下走着，像是舍不得离开似的。我很想拽住她，让她多停留一会儿。可是，太阳还是被驾着神车的羲和拽着往下走。

　　晚霞更加灿烂了，余晖把整个世界都染成了橘红色，楼房是橘红的，马路是橘红的，我的脸也红扑扑的。

不久，太阳滚进了云堆中。这时的晚霞，变成了一层薄纱，若隐若现地披在太阳的身上。远方的天际，像是镶上了一道灿烂的金边，整个天空成了一匹巨大的云锦，美丽而壮观！

天终于黑了，晚霞也停止了她澎湃且富有激情的表演，将美永远留在了我的心中。

李老师点评：按照日落前、日落时、日落后的顺序，描绘了日落的不同景象，呈现出一幅色彩绚丽的画面。

推荐一本书

　　书，是我们的良师益友。读一本好书，就是在和许多高尚的人说话。今天，我也要推荐一本好书：《悲惨世界》。

　　我之所以选择《悲惨世界》，是因为"悲惨"这两个字。我好奇这个世界到底怎么悲惨了？但等我读完了才发现，那不是我想象中的凄凉、痛苦、渺茫的悲惨，而是一种苦中带甜，带有幸福和浪漫的悲惨。

　　在这本书中，故事的发展都围绕着主人公冉·阿让来叙述。冉阿让被放出牢狱之后，受到了主教米里哀的关怀，收养了可怜的小女孩珂赛特，这是他为救赎一名年轻母亲所做出的承诺。正如书中结尾所说，"在黑暗中，可能有一个天使正在等待这个伟大的魂"。冉阿让的一生是那么坎坷，不过又很甜蜜。在他的身上，我看到了一种刚正不阿、善良、宽容的品格。当然，雨果在书中既描写了善良之人的善，也刻画了奸诈之人的恶，比如德纳第这样的一家人。

故事的开头，小女孩珂赛特的母亲芳汀要回故乡打工。为了让孩子免受辛劳，芳汀把珂赛特寄养在德纳第的旅馆里。但德纳第夫妇并不是表面上那种善良的人。他们的内心就像虾子一样，不断地退向黑暗之处，不断试探别人善良的底线。他们将芳汀当成了一棵摇钱树，每次都以她女儿珂赛特为借口，从她那儿骗取钱财。可怜的芳汀，为了女儿只能拼命赚钱。好在恶人终归有恶报，德纳第夫妇最终因为失去了这棵摇钱树，慢慢败落了下去，最终破产。

雨果笔下的《悲惨世界》，不管是冉阿让、主教、芳汀还是德纳第夫妇，他们生存都不容易，都有那个时代的烙印。但他们中的一些人，并没有放弃生活的希望和向善的理念，也许这就是《悲惨世界》中最可贵的部分。

同学点评：1.引用名言恰当。2.对作品的理解深刻。3.使用过渡语，让文章连接自然。4.比喻生动形象。5.总领全文，又加入自己的感受，结尾十分传神。

初尝榴莲的滋味

在水果的世界中，榴莲绝对是以"臭"闻名遐迩的。不少人因为"臭"，对其望而生畏，就连一些交通工具也规定不许带榴莲上车。而我喜欢上榴莲，还有一段故事呢！

在我家里，妈妈和外婆绝对是榴莲的忠实粉丝，隔三岔五地就会买一块回来品尝。而爸爸和我，一见到她们吃榴莲就躲得远远的。看着她们非常享受的样子，我终于忍不住了。

我戴上口罩，像去碰生化武器一样，颤巍巍地挪了过去。尽管全副武装，但榴莲的臭气仍然钻入了我的鼻子里。我捂着口鼻，满脸嫌弃地说："妈妈，这东西这么难闻，你们是怎么吃得下去的？"妈妈用纸巾擦了擦嘴说："宝贝儿，凡事都要尝试一下，你不试试，怎么知道难吃呢？"说着，就拿起一块榴莲肉递给我。我看着那块金黄金黄的榴莲果肉，一时拿不定主意，不知是接还是不接。但看到妈妈坚定而温柔的笑容，我屏住气，接过榴莲轻轻咬了一口。咦，软软的果肉入口即化。我又咬了一大口，哇，太美味！我吃了一块又一块，当我放下果核时，榴莲的味道居然不那么臭了，反而有一种甜甜的清香令我心旷神怡。

吃着榴莲，我慢慢明白了：榴莲就像一个未知点，等着我们求解。神农为何要尝百草？麦哲伦为何要环球航行？哥伦布为何会发现新大陆？都是因为他们有一颗敢于尝试、敢于发现的心。当你不愿意去推开一扇未知的门，只留在原地时，你失去的不仅是一次机会，还有一片广阔的天空。

外婆点评：由吃榴莲引申出这么富有哲理的感慨，真的很不错呢，外婆给你点赞！

昨天的神话与今天的奇迹

《西游记》是我国古代四大名著之一。小说主要描写了唐僧师徒四人西行取经，经历了九九八十一难，终于取得真经的故事。

阅读这本书时，我常常为书中曲折生动的故事情节，性格各异的众多人物，优美如画的景色描写所感动。尤其是小说情节中那些奇思妙想，更是深深吸引了我。令人惊讶的是，这些奇思妙想很多已变成现实，推动着社会发展，造福着人民大众。

还记得千里眼和顺风耳这两个小神仙吗？他们一个能眼观千里，一个能耳听八方，这个本领可是厉害得很呢！因为那个时候，人们想念远方的朋友或亲人了，只能写上一封信叙说思念之情。很多信要历经好几个月才能到达亲人的手中。如果没有送信的邮差或书信丢失了，就只好在心中默默思念，正所谓"相思相望不相亲"。而现在呢，不管在哪里，不管距离有多远，只要点开手机视频模式，就可以与对方聊天儿了，距离再也不能成为阻挡人们见面的阻碍。

再说到孙悟空的筋斗云，一个筋斗能翻十万八千里。在古代，没有汽车，没有高铁，更没有飞机和飞船，最快的交通工具只有马车，如果要走十万八千里，估计一辈子都在路上了。那番凄凉景象，正应了"青山依旧在，几度夕阳红"。但是你再看看现在，出行变得如此简单，携程上订一张机票，就可以飞往世界各地，去想去的地方，见想见的人。一个筋斗十万八千里的神话，已经是普通的生活常态。

再想想现在的火箭，已经登上了月球。这月球距离地球，又何止十万八千里呀。不要说月球，就连火星我们能登陆了呢。

昨日的神话，今天的科技。因为科技的高速发展，《西游记》里那么多个神奇的技能，在今天成了活生生的现实。将来的将来，还会有更多的神话出现，所以我们要努力学习，长大后也做一个创造神话的人。

陈老师点评：这是一篇《西游记》的读后感。小作者紧扣"昨天的奇思妙想成了今天的奇迹"这一中心话题铺开，从通信和交通两个视角准确地叙述了神话变成奇迹的事实，末句更反映了思想的升华。

风波

听到"风波"这个词，我眼前就会浮现出狂风暴雨的样子。没错，家里如果发生了争执，用"风波"这个词来形容正合适。

今天，我走在放学的路上，脚步不再像平时那样欢快，而是低着头老老实实地往前走。不用说，这次考试考砸了，七十几分的试卷，怎么敢给妈妈看啊？回到家，肯定免不了一顿骂！

果然，刚进家门，妈妈把书包往地上一扔，瞪着眼睛生气地说："昨天晚上我叫你看书你就是不听，说自己已复习好了。复习好了能考这么差吗？你太让我失望了！"我红着脸低着头，支支吾吾一句话都说不出来，只是余光瞟着妈妈。妈妈眉头紧锁，脸色铁青，手上的试卷不停地对我抖着。这时，爸爸回来了，刚准备和我说话，看见妈妈的表情，一下子就明白发生了什么，连衣服都没来得及放下，就和妈妈站到了一块儿，瞪着眼睛朝我看。气氛瞬间变得更加紧张了，我刚准备解释解释，爸爸妈妈就你一言我一语地批评起来，愤怒的话儿就像滔滔不绝的黄河水，哗啦哗啦不停息。我难过极了，眼泪忍不住流了下来。

这个时候，老师突然打来一个电话。接完电话的妈妈，表情突然柔和下来。我满脸疑惑，这是怎么回事啊？原来，刚才老师跟妈妈说，这次考试有很多课外拓展的题目，大家考得都不太好，告诉妈妈一定要让我多读书，多拓展课外的知识。听到这个消息，爸爸也释然了，一场风波终于停息。

事后妈妈不解地问："我们不了解情况，你为什么不解释一下呢？"

我带着哭腔说："你们一到家就骂我，哪有时间容我开口啊？"

唉，我爸妈就是急脾气，要不是老师及时打来电话，这场"风波"不知要把我整成啥样？！

老师点评：风波里的人物神态、动作描写得淋漓尽致。

栽上大树好乘凉

　　一个年轻力壮的小伙子，搬到了风景如画的小岛上。这个小岛地处热带地区，虽是金秋时节，天气仍然十分炎热。邻居好心地提醒他，最好在院子里种一棵树，等到明年酷暑时，就可以坐在树底下乘凉了。

　　小伙子接受了邻居的意见，把家安顿好后，立刻去花木市场，精心挑选了一棵小树苗，栽在自家的院子里。

　　刚把树苗栽植好，对面院落搬来一个中年人，看到年轻人在栽树，跑过来好奇地问："好好的院子，为什么要栽上树呀？"年轻人抹了一把汗，呵呵笑道："听说这儿的夏天特别炎热，栽棵树好纳凉呢。"

　　"嗯，是个好主意。"中年人嘟囔着。

　　自从栽下小树苗后，年轻人就像照顾自己的孩子一样，细心呵护。第二年三四月间，天气又慢慢变热了。有一天，年轻人正在给树浇水，对面的中年人走进来，说："呦，树长这么高了！"他干脆坐在树下不走了。年轻人好奇地问道："你坐在树底下干吗呀？"中年人伸了伸懒腰说："你没看到树叶越发茂盛了吗？乘凉呢！"年轻人听了笑了起来："树叶才刚刚长出来，还要等我照顾它好长时间，才能供我们乘凉呢！"中年人的回答更是让他哭笑不得："你懂什么？树迟早有一天会自己长大的！"

故事中的中年人很懒惰，不愿付出辛劳，只想不劳而获。事实上，我们生活中的一些人也是这样，表面上好像在鼓励别人努力做事，实际上就是等着坐收渔翁之利，也警醒着我们，要通过自己的努力获得好处。

外婆点评：作者很会编故事，简简单单一幅画，居然生出这么多想象和感叹。喜欢结尾一句话：我们生活中的一些人也是这样，表面上好像在鼓励别人努力做事，实际上就是等着坐收渔翁之利，也警醒着我们，要通过自己的努力获得好处。

激动人心的学程周

今天是学程周开始的第一天。早上我没有赖床，也没有要妈妈提醒，就一骨碌爬起来，飞快地洗脸、梳头、吃早饭，然后背上书包就往学校奔去。

到了教室一看，哇！同学们比我到得还早，一个个笑嘻嘻的，都在等待着盼望已久的学程周活动。

翘首期盼中，激动人心的时刻终于来了。我们兴高采烈地走进六楼报告厅，开心地想象着接下来会有哪些议程、哪些精彩节目。突然，耳边响起热烈的掌声，我抬头一看，很多领导和老师，笑眯眯地走进报告厅，和我们一起参加活动呢！

首先上台表演的是一组精彩的合唱，富有节奏感的音乐，赢得了全场师生的赞叹。紧接着是我们班的学生家长带来的"2035相约中国制造"讲座，生动而专业的讲座，吸引了全场同学。最精彩的要数辩论了，辩论的话题是新能源汽车在未来一定能取代燃油汽车吗。正方人员利用一组组数据和事实，慷慨激昂地阐述自己的看法；反方人员也毫不示弱，针对正方提出的设想一一加以反驳。双方据理力争、唇枪舌剑，我们则在台下不停给自己支持的一方加油助威。最终反方获胜了，支持反方的同学，像自己获胜一样手舞足蹈。

下午是交流会，各小组轮流上台，交流研究成果。我仔细听了一下，各组汇报的题目都非常奇特，研究的内容也特别有趣。有一组同学，还研究了车轮的发展。轮到我们小组发言时，我们自信满满地登上讲台，大大方方地讲述研究心得。在我们讲述的过程中，大家听得很专注，有些同学还不由自主地参与进来。

放学路上，我们仿佛还处在热烈的讨论中。我心中暗想，学程周开幕式就这么有趣，后面的活动一定更丰富。

外婆点评：学程周是南京市拉萨路小学为推动社会主义核心价值观教育，创造性开展的特定主题、时长一周的校本课程。从孩子的作文可以知道，学程周深受孩子们的喜爱。在老师的带领下，孩子们走出校园，走进南京各大名胜古迹、博物馆、老街巷，去触摸城市的脉搏，寻找城市的印记，然后再联系实际开展各种活动，可有意义了。所以每次学程周，不仅孩子们期待，家长也期待呢。

读《海蒂》有感

瑞士的阿尔卑斯山，吹着轻柔的清风。《海蒂》这本书，述说了阿尔卑斯山上一个小姑娘的故事。

书里的主人公是一个叫海蒂的女孩，父母双亡后，她被送到了阿尔卑斯山山间的一座小木屋，和隐居的爷爷一起生活。在这期间，他们度过了快乐的时光，也有一段悲伤的分别。不过海蒂那颗充满爱心、活泼快乐的心始终未变，一直盼望着再与爷爷相见。最终，她又如愿以偿地回到了爷爷的身边。

海蒂是一个向往大自然的女孩，她似乎对富裕的生活没有兴趣，这与我的想法全然不同。在我看来，繁华的城市和优越的生活条件多么美好。而在农村，蛇、昆虫和青蛙到处都是，让人既害怕又讨厌。所以，当我看到海蒂吵着要回阿尔卑斯山时，感到很不理解，城市那么好的地方不住，为什么要回山里呢？直到读完了整本书，我才明白海蒂的内心所想。因为山中的生活是自由的，那里有她爱着的亲人，有家人的地方才是真正的家啊。

我们身边的人大多都与海蒂相反，认为农村、山区是贫穷的地方，有什么值得亲近？可是大自然的美往往就在农村、山区和森林啊。清晨被鸟儿的歌声叫醒，这种幽静和自由，生活在大都市的人们是感受不到的。而山中的美，就是身在大都市的人们生命中所缺失的一部分。

老师点评：喜欢你隽秀的书写，感受着书中令人动容的大自然的生活，从你的体会中读出了那份美好。

妈妈生气了

这是我有记忆起，第一次看到妈妈发这么大的火。

事情发生在前几天，我们发现了一种神奇的玩具，叫作起泡胶。这种东西又软又滑，一挤就有"噼里啪啦"的声音，一拉就成了细细的条。很快，这东西就流行起来，我的手上没事就抓一点。

虽然起泡胶解压、有意思，但玩儿过了就不那么有趣了。一天晚上，我趁妈妈睡着时偷偷拿了点起泡胶玩，谁知玩着玩着就睡着了。第二天一早，呀，起泡胶全粘在头发上了！更可怕的是，妈妈的头发上也粘了许多胶。妈妈一摸头发，脸色立刻晴转阴，阴转雷阵雨，眼睛瞪成了两个铜铃，手抓着头发不停地颤抖。我低着头坐在床上，用余光瞄了一眼妈妈，却不偏不倚地和妈妈的目光相遇了。妈妈眼睛里放出的火苗，一下子把我心虚的眼神推了回去。冷冰冰的场面僵持了几分钟，妈妈终于挺了挺身子大声责问："这又是怎么回事？你怎么把这破玩意儿弄得到处都是？看看看看，连头发上都是，这可是有毒的呀！"妈妈的话一下子把我逼到了床边。现在的我就像面对着一只发怒的狮子，随时都会被吞掉。过了一会儿，妈妈把我拽起来，"咚咚咚咚"地跺着脚，似乎要把头上的胶跺掉，这当然不可能了。

在卫生间里，妈妈花了九牛二虎之力，才把那些起泡胶弄下来。看着水池里掉的那些头发，妈妈越发生气，一整天都不搭理我，眉头间挤出的一个"川"字，写满了愤怒。

唉！"玩物丧志"把妈妈弄得怒火万丈，不知道什么时候才能消火呢？

老师点评：在认真观察的基础上进行细致地描绘，使妈妈生气的形象如在眼前，有强烈的画面感。

月圆、人圆、家圆

一转眼，我们迎来了中秋佳节。今年中秋，学校举办了"月圆、人圆、家圆"的活动，活动分五个难度系数，每人任选一个。

第二天，我们就进行了成果展示。首先，抄古诗的同学上台朗读关于中秋月亮的古诗。紧接着，有同学播放了自己朗诵古诗的视频和音频。他们声音洪亮，语气抑扬顿挫，极为好听。令我最感叹不已也是记忆最深刻的，是选择任务四、任务五的同学。

任务四是续写一首关于中秋的古诗。梅一凡同学写的是千古名词《水调歌头》。别人续写时都选用五言诗，偏偏他就想挑战自己，用宋词的方式续写了水调歌头，结尾处"莫长年，今宵不再度，此景难复来"，仿佛与苏轼的"但愿人长久，千里共婵娟"跨越时空，互相呼应，其豪放洒脱的风格，赢得了所有同学的掌声。就连语文老师也赞不绝口，夸奖他将来会是一个大才子。

轮到耿其昂上场了，他选择的是任务五——填写歌词。按钮一按，热烈奔放的《火红的萨日朗》旋律立刻在耳边响起。耿其昂看着歌词，脚上轻轻地打着节拍。不知是不是因为紧张，他声音有点小，但是同学们对他的创作满怀期待，大家都认真地听着，很多人还跟着旋律摆动起来。等他演唱结束，大家忍不住喝彩鼓掌，仿佛是来到了他的演唱会现场。

月圆，人圆，家圆。这次活动，不仅让我们对中秋节加深了理解，也让我们不断挑战自己，发现了他人身上更多的闪光点。

外婆点评：在评价孩子的作文前，必须表扬一下学校。学校开展的各种活动，不仅让孩子拓宽了眼界，还学到了许多课堂上学不到的东西。譬如此次中秋节，假若不是学校的精心设计，哪有诵读中秋古诗词、续写中秋古诗词、填写歌词并演唱等精彩的场景呢？又哪里来的这篇作文呢？所以好的学校，好的老师，可以帮助学生更好地发挥自己的潜力和实现自己的目标。

梦想让生活更美好

如果生活中少了梦想，那这个世界将变得颓废而毫无斗志。设想一下，假如这个世界没有梦想，那么袁隆平爷爷就不会有培育杂交水稻的想法，爱迪生就不会有发明电灯的念头，科技人员也不会去创造各种科技产品。那么我们现在或许还饿着肚子，还需要点着蜡烛活在黑暗之中。没有任何科技产品，就像远古人那样生活，那么这个世界还有活力和发展吗？

我从小就喜欢画画，当时我就有个梦想，要成为一个艺术家。一开始我画得并不好，抓着笔在纸上乱涂，但我却乐享其中，一有时间就画，从一棵草、一棵树到一栋房子、一个人。因为从小在心里埋下了一颗种子，这颗种子经过时间的浇灌、施肥和阳光的滋润、雨雪的呵护，慢慢地发芽、成长。

到了上小学的时候，我一发不可收地爱上了美术课。包里总是备着一个小本子，闲暇的时候便拿出来画。长期的练习，我的美术成绩一直保持在优和优星的等级。我逐渐对色彩很敏感，留心于花草树木、云层河流的变化，喜欢欣赏、临摹世界名画。这一切都是来自我童年的梦想，它使我有了动力和兴趣继续在美术上寻找乐趣并朝着目标前进。

总而言之，梦想不是空想，也不是幻想。梦想其实是我们人生的推助器，它一直推着我们往理想的方向去发展。梦想因为推动了你我他，进而推动了整个世界发展的步伐。

外婆点评：孩子从小就爱画画，做作业的草稿纸常常"挪作"他用。我们没有责怪，而是顺其自然，给她报了个美术班。现在她不仅绘画基础有了很大提高，学习成绩也没有落下来。别看孩子年龄小，懂得道理可不少呢，不信请看最后一段，说得多好啊！

我想当一名教师

我有一个心愿,那就是成为一名老师。

这个心愿在我一年级的时候开始萌芽了。那时候我们还是一群小娃娃,老师不仅教会我们知识,还要扮演我们的家长。我的第一个班主任韦老师,她就像妈妈一样。同学们当时还不会系鞋带,在学校里跑着跑着鞋带就开了,拖着脚上的两条长"虫子"很容易就摔一跤。韦老师看着一个个不会系鞋带的孩子,就弯下腰帮我们系好。从此,课间韦老师的办公桌前就排起了长龙。孩子们把脚一伸,"韦老师,我的鞋带也松了"。韦老师不厌其烦地系,甚至是宠溺着我们。记不清是哪个同学起的头,有人跑到韦老师背后给她捶背。这勾起了我们的嫉妒心,大家纷纷争着给韦老师捶背。韦老师怀里搂着几个,背上还趴着几个。那个温暖的场景,在我幼小的心中播下了一颗种子——我想成为一个老师,像韦老师那样和蔼可亲的老师。

品读诗词、观察节气、制作文集……这些都是贾老师教我们的。贾老师是一位非常文艺的老师，她的课堂常常让我感受到很多美妙的画面。有秋月和冬雪，有春雨和夏荷，有朱自清和余光中，有对仗的工整，还有韵律的和谐，原来语文也可以这样学！在"听说读写"中慢慢氤氲文气，慢慢涵养文思。我想成为一个老师，像贾老师那样诗情画意的老师。

一转眼到了五年级，我们已经是校园里的大哥哥大姐姐了。我们的班主任李老师，温柔中带着严厉。她对我们的学习和生活习惯要求很高。李老师有一句口头禅——"先成人再成学"，习惯的养成是关系未来的大事。一开始我们觉得李老师有点夸张，但是一年以后的现在，特别是在疫情之下的网课阶段，我们依然保持有节奏的、自律的学习状态，我们心里其实都已经接受了李老师的观点。我想成为一个老师，像李老师那样理性与感性兼具的老师。

很多文学作品把老师比作蜡烛、园丁、灯塔……但我觉得每个老师更像是一颗星星，每颗星星都散发着各色的光彩，都滋润了我的心田。于是我想成为老师那样的种子，让它有机会破土发芽，慢慢成长。

指导老师：李剑；发表于《现代中小学生报》

外婆点评：为什么要当老师？因为韦老师像妈妈一样的爱，在孩子的心里播下了爱的种子；因为贾老师的诗情画意，让孩子在"听说读写"中慢慢氤氲文气、涵养文思；因为李老师温柔中带着的严厉，让孩子保持有节奏的、自律的学习状态。"我想当一名老师"是孩子对老师最好的赞美，也是老师培育孩子成功的表现。孩子把"想当一名教师"的理由说得如此充分，做家长的自然要支持了。

我喜欢的一个字——青

　　青，作为中国的传统色彩，它不同于蓝的深沉，也不像绿那样明亮，它是乡愁的色彩、生机勃勃的色彩、婉约而柔美的色彩。每每看到那充满生机的青，我就想到代表着青绿山水的《千里江山图》。

　　《千里江山图》可谓是一幅充满生机的画卷，作者王希孟绘此图时只有 18 岁，浑身洋溢着青春和朝气。那画中的青就和作者的年龄一样，有着无限的生机，一座座山就像摇滚音乐的节奏时快时缓。作者用挥洒的笔法和生机勃勃的青色，将中国大好河山的魅力全聚集在那约 12 米长的卷轴上。

　　青色还可以是乡愁的色彩。前年的一个晚上，我在先锋书店聆听了郑愁予老先生的讲座。他谈起了在台湾时对家乡的思念，于是写成了一首诗《青空》。诗中写道："青，其实是距离的色彩，是草在对岸的色彩，是山脉在关外的色彩。"在诗中，那草，那青山都是指海峡的另一岸。山是大陆，草就是让作者忘怀不了的家乡。青，在这里又代表了对家乡的怀念，那是一种蕴含着隐隐伤感和向往的色彩，仿佛隔着宽阔的海峡，望透了家乡的青山绿水和故土人情。

在中国的文物中，青花瓷流露出了青色的婉约，用青色勾勒出的或是一只孔雀，或是一朵荷花，或是小桥流水，或是历史故事，或是孩童嬉戏，场景，等等。青，体现在了瓷器的柔美上，犹如周杰伦的一首《青花瓷》。歌词泛出了缕缕青烟，那是青色同瓷器一起流传千古，成为中国文物中不可缺失的一部分。

现在，国家提倡保护青山绿水，因为青山绿水与人民的生活息息相关，它象征着空气清新、水质清澈、环境清洁。守住了绿水青山，就一定能收获金山银山。所以在众多汉字中，我对"青"格外喜爱。

指导老师：李剑；发表于 2021 年 4 月 13 日《农村孩子报》

外婆点评：这篇作文的写作特色一是中心突出，全文围绕"青"一一举例说明，理由充分，很能说服人。二是选材独具匠心，作者在列举事例时，分别选择了一幅画、一首诗和青花瓷等三种不同的载体。青花瓷又分为实物和歌曲两种。带领读者多方面多角度体会"青"的古色之美，"青"的与众不同。三是语言清新婉约有诗意，给人一种美的感受。

过年趣事

送走了庚子鼠，迎来了辛丑牛。过年了，在大家都去热热闹闹的地方玩时，我们一家则去登南京城墙。

在解放门旁的城墙上，各种各样的"福"字映入眼帘，各种字体的福，高矮胖瘦，透着迎新春的喜庆。我们登上解放门，还望见一排气势磅礴的古代大炮和木幔，它们被整齐地摆放在城楼，仿佛在述说着旧时战争的风雨，又启示着我们今天和平的美好。

我们踏着陈旧的石砖，望向远方。早晨的玄武湖宁静美丽，像一块水灵灵的宝石。偶尔一两只小鸟在湖面滑行，滑出了一串串涟漪。我趴在城墙上，忽然看见一组特别的城砖，上面刻的字很清晰，是明洪武年间烧制的，砖匠是一个姓黄的人。我再仔细去看每一组砖，上面都刻有字，只是有些字已经被时间吞噬了。看着城砖上刻的字，那位黄师傅仿佛隔着时光跟我在诉说着什么。

渐渐地，城墙下的玄武湖快看不见了。出现在眼前的是一座古典城楼，青绿色的顶，朱红色的壁，发出淡淡的木香。爸爸说这是玄武门，过了玄武门离目的地就不远了。走到一个山坡，有一个老人在卖用桃核和桃木雕成的小饰品，小巧玲珑，特别精致。老爷爷说，桃木剑，关公刀，过年时挂在家里可以辟邪。它们被雕得栩栩如生，透着满满的年味儿。

到了正午，太阳升到了顶端，神策门就在我们眼前。我恋恋不舍地走下城门，不时还回过头望望渐渐变小的城门。

新年之际，行走在南京城墙上，每一步都仿佛踏出了历史的变迁。抚摸着城砖，时间的故事都聚在五指之间，令人久久无法忘怀，南京的城墙是一个讲不完的故事。

外婆点评：孩子，你这篇作文写出了我们的心声，大年初一游明城墙，享受别样的年味儿，真好！

二十年后的家乡

　　我呼呼地喘着粗气，终于爬上了 5 楼。还有几分钟就迟到了，我着急地推开教室的门。咦，这是哪儿？望着郁郁葱葱的森林，我百思不得其解。突然，一块醒目的牌子竖在我面前：2041 年 2 月 22 日，大丰欢迎您！啊，我穿越到了 20 年后的家乡！

　　怀着惊奇和惊喜的心情，我朝树林深处走去。忽然，背后传来"嘟嘟嘟"的汽笛声。扭头一看，一辆五颜六色的车，从我眼前飞快飘去。哇，家乡开上了磁悬浮列车！

　　我走进高耸入云的树丛中，里面是一个大商场。显然，团团环绕的树木是用来美化环境、净化空气的。商场里琳琅满目、应有尽有，尤其有趣的是营业员由机器人担任。如果想买东西，只需要操作机器人，它就会按你大脑所想，帮你把东西取出来包装好。如果东西太多，它还会帮你送上车或者帮助叫车，真是太神了！

161

出了商场，我来到了一所学校。透过窗户看去，学生们端坐在座位上，安静地听老师讲课。老师的身边还有几个机器人在辅助教学，有疑问只需要举一下手，机器人就会给你单独讲解。学校的安保很严，学生和学校工作人员的信息都存在电脑里。大门前有一个人脸识别仪，信息配对成功才可以进校园。家长到学校找老师，只要说明意图，就会有信息发到老师那里。老师允许了，家长才可以进来。要是信息配对不成功，就算是用炸弹也别想炸开门。

学校不远处是一个大果园，桃子、梨子、苹果、石榴等挂满了枝头，水果的香味把空气都熏香了！果园也是个高科技园地，里面布满了自动喷水、喷养分的管道，机器人在果树间穿梭忙碌，农民伯伯遥控指挥。我忍不住上前询问，农民伯伯自豪地说："我们给果树喷洒的水，既含有灭虫的物质，又含有果树需要的养分，并且对人体没有任何影响，你们净可以放心吃！"

"哇，真好！"我高兴地拍起手来。

"唰"，随着一道光倏忽闪过，我又回到了教室。墙上的时钟显示的是：2021年2月22日。我静静地走到座位，心里还想着刚刚经历的一幕。我想，20年后我们就是建设者了，"少年强则国强，少年智则国智"，我们只有努力学习才能掌握更多的本领，才能为祖国作出更大的贡献。于是，我郑重地翻开课本。

2021年2月23日

162

外婆点评：孩子，你用丰富的想象，摹画了二十年后的家乡，引领读者不由自主地跟随着你，将这神奇的童话世界游览了一遍，很有趣。希望你好好学习，实现你笔下的美好愿望。

"双减"后的一次社团活动

经常听大人说，生活要做减法。对此我一直心存疑惑，减什么？减多少？就像孟浩然在心里的发问——"夜来风雨声，花落知多少。"以为没有答案，没想到答案很快就来了。

"双减"政策实施后，我们都在学校里完成了作业，尤其是放学以后，我们不用再像过去那样忙忙碌碌地穿梭于各种补习班，终于可以淡定地和爸爸妈妈共进晚餐聊聊家常了。咦，忽然觉得"双减"之后，有的东西反而变多了：操场上的奔跑，课堂上的交流，社团活动中积极踊跃的身影……

上个星期，李老师交给我们一个任务，在学校晨会上表演一部心理剧，名字叫《送你一颗心》。剧目的主要剧情是通过校园里的一些小事情、小摩擦来告诉同学们，如何处理平常的小矛盾。虽然从没表演过心理剧，但是大家都铆足了劲儿，摩拳擦掌跃跃欲试，都想能分到一个角色。我抢到了旁白的任务，这可是考验台词功力呢！为了保证演出效果，我试着和同学们相约周末排练。没想到之前培训日程满满的同学们，一约就成了！

周六晚上，我们早早来到篮球馆。人一到齐，就开始了紧张的排练。由于台词拿到手才一两天，大家都没背熟，所以有点手忙脚乱。比如有个场景是两个同学发生了矛盾，双方纠缠在一起吵吵闹闹互不相让。这是剧情的高潮部分，扮演的同学由于台词不熟，说话结结巴巴的，声音也小得像蚊子哼一样。我们不免担心，后天就要演出了，来得及吗？陪同的家长们安慰道："别着急，你们先把词记熟了再排练，这样才能准确把握剧情内容，演好所饰演的角色。"

我们一听，赶紧拿出台词本，把词背得滚瓜烂熟再进行排练。有了大人的指导，我们很快进入状态，不一会儿就把节目排好了。当我们做完最后一个动作，家长们全都鼓起了掌。有位家长还笑着说："看你们排练真是太有趣啦！"周一的晨会上，我们的节目特别出彩，获得了全校师生的掌声。

回顾"双减"之后的学习生活我终于明白，"双减"减了负担，多了收获；减了枯燥，多了趣味；减了愁容，多了笑颜。我喜欢这样的生活！

指导老师：李剑；发表于 2021 年 12 月 25 日《大丰日报》

外婆点评："双减"好不好？孩子如此说，"咦，忽然觉得'双减'之后，有的东西反而变多了：操场上的奔跑，课堂上的交流，社团活动中积极踊跃的身影……"为了证实这段话，孩子列举了排练心理剧《送你一颗心》的情景。从孩子们争演角色、认真排练到上台表演，无不显示"双减"带给孩子们的喜悦、兴奋和轻松。

采用古诗词给作文添彩加色，是作者常用的写作技巧。结尾的概括和提炼，既加深了读者的印象，又拔高了作文的档次，好！

包春卷

立春是二十四节气中的第一个节气，"阳和启蛰，品物皆春"。过了立春，万物复苏，生机勃勃，具有吉祥的含义。中国民间习惯吃萝卜、姜、葱、面饼，称为"咬春"。"咬春"是新年的肇始，是春天的将至，新鲜的蔬菜最能让人感受到春天的消息。在南京，人们在立春时，都会包春卷。

大年初四刚好是立春，爸爸买了春卷皮、肉馅、荠菜，一家人开始包春卷。绞肉制馅，将肉制成肉糜，再以荠菜混合搅拌。调味是关键，以盐、生抽、清油调制，配以些许白砂糖提鲜，馅料便准备就绪。开始包春卷了，我撸起袖子，拿一张春卷皮，学着爸爸用筷子夹一点儿馅放在春卷皮顶端，然后两边各往里面折一下，把春卷皮叠三次，一个春卷就包好了。厚厚一沓春卷皮在一家人的齐心协力下，一会儿就变成了一盘春卷。此时，爸爸也停下了手，转身将油倒入锅内，六成油温的时候，便把春卷夹到锅里。春卷一下锅，就听见"嗞嗞"的声音。几分钟后，春卷就变得金黄焦脆，香味扑鼻。不到二十分钟的时间，那些原本米白米白的春卷都变得金黄焦脆，鲜美流油，整个厨房都弥漫着春卷的诱人香味。

春卷上桌，晚饭开始。脆脆的春卷，一口下去便是整个春天。属于荠菜的特殊的清香，充分融合了肉的腥味，如一缕清风，轻轻地掠过了舌尖，爽而不腻的感觉，正是春天的初始带来的味道。

今年立春，恰逢冬奥会开幕。立春节气，冰雪之约，如约而至的一场盛会。

"一起向未来"的冬奥口号，与"咬春"风俗完美融合，冬奥会，如同一场春雪，既迎接春天，又迎接未来。

2022 年 2 月 4 日

外婆点评：以南京的习俗——立春包春卷"咬春"为开篇，自然而然地引出一家人热热闹闹包春卷的场景，结尾与冬奥会相结合，写出了"一起向未来"的美好愿景，特别好！很喜欢文中语言，清新秀逸、回味无穷。

新居

2175 年，人类的生活环境有了很大的变化。科技飞速发展的同时，环境污染也越来越严重。为了生存，人们不得不做出改变。

这一天，琼斯照常走进街上的古董店。琼斯喜欢去那儿玩，她总能在各种纸箱子里找到稀奇古怪的小玩意儿。

"早安，海丽太太！"

"早呀！"

古董店的海丽奶奶已经对她的到访习以为常了。琼斯这次又找着一个盖满蛛网的盒子，她一顿乱翻，最终在盒底找到一个奇怪的、小小的黑色硬方体。

"这是什么？"琼斯举起了那个奇怪的东西大声喊道。

"这……应该是……是……U 盘吧？"海丽奶奶眯着眼睛，按着老花镜不确定地说。

"这也是在火星里挖出的吗？可是隐形直触屏好像看不了

啊？"琼斯问。海丽奶奶想了会儿，让店员看店，自己带着琼斯和 U 盘来到了一间十分隐秘的地下室。

海丽奶奶从一堆东西里拽出一本破书和一个扁平长方体。坐下后，她压低声音对琼斯说："这个 U 盘是 150 多年前的科技产品，里面存储了一些图片视频之类的，但它要用这个叫电脑的东西播放。这是我的爷爷留下的，应该还能用。"

说着，奶奶将电脑打开，插入 U 盘，播放了里面唯一的纪录片。这部片子讲述了地球如何被人类破坏，又如何发生危险使人类不得不迁走。琼斯看得一愣一愣的，她还一直以为火星是人类的永久家园呢，哪知还有个地球。

"可是，我不明白，为什么？"

"不用说了。"海丽奶奶打断了琼斯的话，"我来告诉你，但你和任何人哪怕你的父母都不准提及半句。2022 年，地球被人类破坏到了极点，海啸、地震、龙卷风、寒潮、生物变异灭绝等，使得人类不得不离开生活了几千万年的家园。人类发现火星是太阳系内最宜居的星球，就用高科技造出了人造大气层及一切动植物。但为了能使人类史上这黑暗的一幕彻底抹去，管理层禁止任何人谈论过去，学校、书店销毁一切有关地球的书籍，并不得教授这类知识。所以你们这几代人的头脑里，没有一丝地球的记忆。如果你再来，可以看看《地球简史》，但你现在该回家吃饭了。"

一晚上，琼斯都在期待着明天去海丽奶奶那儿看书。幼小的她还不知道，为了抹除人类犯下的大错，管理者不惜动用法律进行威胁。但人们对地球的伤害，永远都无法抹掉，它藏在少部分人心里，总有一天会公开于众。现在人类的新家园美丽富饶，几千万年后，它会不会落得地球同样的下场？而人类又如何找到第三个替代品呢？没人知道。也许是为了避免恐慌心理，管理者才刻意掩盖地球毁灭的秘密。其实这样做是错的，他应该让人们知道，人类的命运掌握在自己手里，只有保护好大自然，才能保护好自己！

李老师点评：故事情节生动、具体，其中穿插科学的知识、高科技产品令故事更奇特、新颖。

赏读现代诗

——说说现代诗写作

徐应葵

现代诗，又称白话诗，它的创作形式很自由，不守格律诗的格律，也不像古风诗，虽不守格律，也要守诗人自定的一套创作规则。现代诗的篇幅，长短不一，有的诗很长，长到几十句或更多；有的诗很短，短到两三句也可。现代诗对诗句长短的要求也很宽泛，字数不限，一句诗可一言，亦可十几言。（那是个别，一般说，同首诗，句子不要太长或太短）现代诗的用韵亦不严格，甚至可不用韵。总之，从形式上看现代诗不拘泥于传统的诗法。

那么，写现代诗就可以天马行空，不受约束了吗？不是。

有眼福，最近读到一个小学生的三首现代诗，写得出色。借着机会，说说现代诗写作。

首先声明，本文所说是现代诗写作，不是自由诗写作。自由诗写作，不拘一格，任意驰骋，不在本文所议之列。

诗一：

忽长忽短的影子

路灯亮了，

有三个长长短短的影子，

在我、妈妈、外婆面前。

最短的那个属于我，

最长的那个属于妈妈。

妈妈说：

你的影子还会长高。

我说：

难道影子会变矮？

外婆说：

我的影子会变成最矮的那个。

而最高的，将是你。

几只小鸟，

在影子间跳来跳去，

它们哪里知道，

这忽长忽短的影子，

就是生命的密码。

外婆给予了妈妈，

妈妈又给予了我。

　　写此诗时，小作者才是小学二年级的学生，我并不认识她，只是读她的诗被感动。无疑，她是一位写诗小能手，有写诗天赋，是个小天才。祝她一生走好文学路！

　　这首现代诗，可以称它叙事诗。诗叙"我"和妈妈、外婆夜行路灯下的一个小故事。其中的人物语言十分别致，正是主题的寓处。诗中的议论很含蓄，它揭示主题即生命的密码。诗中写"几只小鸟，在影子间跳来跳去"，写小鸟的无知为表达主题伸出曲笔，为诗篇生出浪漫色彩，不可不谓神来之笔。

　　说它是一首哲理诗吧，未尝不可，诗中人物语言占了全诗的一大部分，而每一句都有哲理。影子的变化其实是人生的变化规律，也是万物的变化规律，包含着进化论的理性知识。长江后浪推前浪，人、事、物的新陈代谢就如她们观察到的影子变化。

　　诗的精华部分是最后四句，"这忽长忽短的影子，就是生命的密码。外婆给予了妈妈，妈妈又给予了我"。表面看，生命密码指的是代代承接，其实，何止？生命在薪火相传，绵延不断，人类在生命的脚步中前进，铸造文明。

　　与写其他文体的作品一样，写现代诗一定要有个主题，主题即诗魂所在，主题越深刻，越有审美价值。没有主题的诗，写它干啥？

这么说，写诗前，必须想清楚，"我"写此诗，到底要表达什么？诗言志，连"我"都不知，读者就读不懂了。诗旨就这么重要，起码得让人读懂，再作审美，最后才显出诗的社会意义。

诗二：

奇怪的事

我奇怪得不得了，
没有人给花儿喷香水，
花儿怎么会那么香呢？

我奇怪得不得了，
没有人给小草刷颜料，
小草怎么会那么绿呢？

我奇怪得不得了，
没有人给毛毛虫施魔法，
毛毛虫怎么会变成蝴蝶呢？

我奇怪得不得了，
太阳是从东方升起的，
天黑了为什么不回家呢？

我奇怪得不得了，

月亮明明挂在天上，

小河里怎么也有一个呢？

我奇怪得不得了，

我问谁谁都说：

那是应该的。

借着本诗，说说写诗的角度。

什么是写作的角度？写作角度是指在进行写作活动时，选择一个合适的方位来观察事物，进行描述或作议论，表达感情。

本诗选择的角度是"我奇怪得不得了"，站在这个角度上，诗人提出了许多问题，到最后"问谁谁都说：那是应该的"。那是应该的，就是所有被提出问题的共同答案，至于应该的是什么，不必在诗中回答，它们在作者心里，也在读者心里，即在诗里。

这是一首说明体诗，其实，每个问题都有答案，可以用一问一答的方式达到写作目的，也可用直陈其事完成任务，但小诗人偏偏选择了"我不懂"的角度，一味地说"我奇怪得不得了"，把一篇说明文写成了一首生动活泼的现代诗，这种构思，非常出色。这个角度选得好，因为"奇怪得不得了"，才有问题提出，因为提出了问题，才寄寓了深刻的主题。

写诗要有个好角度，站在好的角度上写出的诗，如站在好的角度看一道美丽风景一样，一览无余，好景尽收眼底。同一作者的《黏人的妈妈》一诗也是角度选得好的典型例子。小诗人选择了"妈妈喜欢黏人"的角度，歌颂母爱，写下了母爱的百转千回。

诗三：

黏人的妈妈

我的妈妈喜欢黏人，
像个顽皮的小孩儿。
我说想变成一只美丽的小鸟，
她就要变成一朵洁白的云彩，
随时让我有一个休息的地方。

我的妈妈喜欢黏人，
像个顽皮的小孩儿。
我说想变成一朵可爱的小花，
她就要变成一位辛勤的园丁，
随时随地地照顾我。

我的妈妈喜欢黏人，
像个顽皮的小孩儿。
我说要变成一条小路，

她就要变成一块路牌，

随时指引我想去的地方。

我的妈妈喜欢黏人，

像个顽皮的小孩儿。

我说我长大了要去远方，

妈妈说要改掉黏人的毛病，

站在原地，

等着我回家。

　　这首现代诗是歌颂母爱的，诗的特色很多，这儿只是借诗重点说说诗的节奏问题。

　　诗如歌，诗是歌，十分需要节奏的帮助。诗有节奏，读来朗朗上口。不但如此，节奏还可以帮助表达情，使诗情的感染力得到充分发挥。

　　节奏，古诗词是十分讲究的。

　　七言诗律一般都是4/3节奏，"4"为诗句前4字，"3"为诗句后3字，前4字再分为2/2节奏，后3字再分为1/2节奏或2/1节奏，后3字可两种节奏交叉用在同一首诗中。五言律诗因为少了两个字，它的节奏比七言律诗在最前面少了一个。

举例：

（1）七律

朝辞 / 白帝 // 彩云 / 间（2/2 // 2/1）

千里 / 江陵 // 一日 / 还（2/2 // 2/1）

两岸 / 猿声 // 啼 / 不住（2/2 // 1/2）

轻舟 / 已过 // 万重 / 山（2/2 // 2/1）

（2）五言

床前 // 明月 / 光

疑是 // 地上 / 霜

举头 // 望 / 明月

低头 // 思 / 故乡。

现代诗，没那么苛求了，但还是有要求的。现代诗既然是诗，就得有乐感，诗的乐感来自节奏，有节奏，读起来该锵锵则锵锵，该悠然则悠然。

现代诗写作不可不讲究节奏。不过，说写现代诗要有节奏，不是说现代诗有千篇一律的节奏形式，正相反，现代诗的节奏是多变的，它产生在写诗人的笔下，用什么样的节奏由写诗人根据诗意自行把握。

现代诗写作，还有许多问题需要重视，如：

现代诗用韵远没格律诗苛严，也不如古风诗讲究，但既然是诗，有了韵，读起来诗情诗味又显浓稠。这个韵怎么选、怎么押，由写诗人自己定。现代诗对用韵要求，不分声调阴阳上去，随押；

可用近韵、邻韵，不强调在同一韵部；押在哪句后也没有统一规定，由写诗人自己作主。是不是写现代诗非用韵不可？不是，现代诗可以不用韵，写得出色的现代诗，很多不用韵，上述三首小学生诗没有用韵，许多名家的现代诗不用韵的诗例很多。

现代诗对章法没有要求，什么起承转合，什么虎头、猪肚、豹尾，什么开头、过渡、结尾，等等，都不作要求。它的章法五彩缤纷，百花齐放，但诗人要自控章法。如上述小学生的诗，她有自己的章法。《黏人的妈妈》，四段，平行式，采用复沓法，反复吟咏妈妈黏人，从而体现母爱的丰富性。

构思是写作过程中的思维活动，这种思维活动的任务是把素材进行精心安排，使之成为一篇精致的文或诗，犹如把一堆建筑材料建成一座精美的大厦。《黏人的妈妈》，一直写妈妈怎么黏人，到了最后一段，才写妈妈不黏人了，那是在"我长大了要去远方"之时，那时妈妈守着老窝，等着子女回家。黏与不黏，都是母爱。多么巧妙的构思，把主题提升到高处，生出了一个意境，读来感人。

修辞手法对于任何文体都是必须用的，诗歌尤其需要，可以说，不用修辞就写不成诗，对偶、比喻、夸张、排比、对比、拟人、设问、反问、借代等，一首诗中，往往要用到其中几种，用它们来遣词造句，诗才诗化。

炼字炼词是格律诗最讲究的要求之一，一个或几个炼字的出现，使一首诗因此有了闪光点而让评诗人说道不尽。古人写诗十分讲究炼字，常举的例子如"风春又绿江南岸"的"绿"，"僧敲月下门"的"敲"等，确实是炼得出神入化。现代诗的用词，虽然不那么讲究，但追求用词的优化、美化、诗化，仍然很有必要。

主题是一首诗的灵魂，也是写诗人要达到的目的。诗的主题要明确、正确、深刻、深化，要有社会教育意义，要积极向上，要契合时代要求，要经得起审美。如果诗旨别致，那更是上乘，如上述诗《奇怪的事》，通过"我"的几个"奇怪得不得了"问题道出了许多科学知识和某种自然规律，这样的诗的主题是炼化的。

另外，诗行排列得不好，影响表情达意，还影响美观。现代诗的诗行怎样排列，没有统一规定，这在诗人自己手下。一首诗，一会儿是两行，一会儿是三行，一会儿又是五行或其他数目，当然不恰当。《黏人的妈妈》，全诗四段，每段五行；《奇怪的事》，全诗六段，每段三行。这样一排列，使诗有了层次和段落，看上去一目了然。难道非这样排列不可吗？那倒不是，可以变化，但要恰当。难道非要分段排列吗？当然不是，一首现代诗一排到底的，多着呢。

我们的大时代，给现代诗写作提供了大舞台，取之不尽的素材在诗人眼前，就等着诗人去发现，所以，写现代诗，题材是丰富多彩的。写诗写文两大问题，一是题材的遴选，二是怎么写。本文不涉及前者，只就后者，靠船下篙，作些讨论。

对于现代诗，还有很多问题值得研究讨论。许多现代诗作家用自己的辛勤汗水浇灌了现代诗的株株鲜花，结出了丰硕的果实。当今时代是现代诗的丰产时代，诵读赞美现代诗吧！

拙文所说，是自己的学习心得，我愿意在赏读中习得知识。

作者为盐城市教育研究室高中语文教研员，江苏省特级教师。